Youth Program
Development & Evaluation

청소년 프로그램 개발과 평가

황인옥 · 김제원 · 오승하 · 이은정 · 장은석

KNOWLEDGE COMMUNITY 공동체

머리말

본 서는 예비 사회복지사나 청소년지도사 및 실천현장에서 활동하고 있는 사회복지사나 청소년지도사들을 대상으로 많은 실천 경험과 신뢰성 있는 연구자료를 총집결하여 가능한 한 쉽고 재미있게 읽힐 수 있도록 쓰려고 노력하였으나, 한정된 지식과 시간적 제약으로 인하여 미진한 부분도 있으리라 사료된다. 이는 향후 독자들의 뜨거운 질책을 받아들여 수정 보완해 나갈 것을 약속한다.

본 서는 기존의 청소년 프로그램 개발과 평가에 관련된 저서와 연구 결과를 종합하여 작성한 것이다. 특히 이러한 관련 저서와 연구 결과의 도움이 없었다면, 본 서의 개발에는 무척이나 많은 시간과 노력이 필요하였을 것이다. 따라서 본 서의 개발에 많은 도움을 준 기존 저서와 연구 결과의 연구자들에게 항상 존경과 감사의 마음을 전하고 싶다. 그러나 본 서는 아직도 여러 가지 면에서 수정, 보완해야 할 것들이 많을 것이다. 기탄없는 비판과 질정을 겸허히 수용하여 보다 좋은 교재로 거듭 태어날 것을 약속한다. 바쁜 와중에도 졸고를 마무리하고 나니 한편으로는 아쉬움이, 다른 한편으로는 성취감이 교차한다. 아직 부족한 점이 많은 가운데에서 감히 청소년 프로그램 개발과 평가를 집필하게 되어 부끄럽기 그지없지만 이를 보다 발전할 수 있는 계기로 삼을 생각이다. 교재를 집필하도록 격려해 주신 많은 동료 교수님들께 심심한 감사의 말씀을 전하고 싶다. 또한 청소년 프로그램 개발과 평가를 공부하는 학생들은 물론, 청소년 복지 실천현장의 사회복지사들과 청소년지도사들, 그리고 많은 독자들에게 유용한 안내서가 되었으면 한다.

끝으로 요즈음 출판계의 어려운 여건에도 불구하고 본 서의 출간을 기꺼이 맡아주신 김동훈 사장님께 감사의 말씀을 드리고 아울러 편집과 교정에 세심한 배려를 제공한 편집부 관계자 여러분들에게도 심심한 감사의 말씀을 전한다.

2025년 9월
분성산 기슭에서
대표 저자 황인옥

머리말 3

제 1 부 청소년 프로그램 개발의 기초

제1장 청소년 프로그램 개발의 이해 8
1. 청소년 프로그램의 개념과 특성 8
2. 청소년 프로그램의 유형 11
3. 청소년 프로그램 개발의 필요성 17
4. 청소년 프로그램 개발의 성격과 특성 18

제2장 청소년 프로그램 개발의 패러다임, 접근방법 및 모형 21
1. 청소년 프로그램 개발의 패러다임 21
2. 청소년 프로그램 개발의 원리와 접근방법 25
3. 프로그램 개발의 통합모형 30
4. ADDIE모형 33

제 2 부 청소년 프로그램의 개발과정

제3장 청소년 프로그램의 기획 38
1. 프로그램 기획의 개념과 특성 38
2. 프로그램 기획의 원칙과 제한요인 40
3. 청소년 프로그램 기획의 필요성 41
4. 청소년 프로그램 기획자가 갖추어야 할 능력 43
5. 청소년 프로그램 기획의 단계 44

차 례

제4장 청소년 프로그램의 요구분석 46

1. 요구의 개념과 유형 46
2. 요구분석의 목적과 유형 52
3. 요구분석의 기법 55
4. 요구분석의 절차 62

제5장 청소년 프로그램의 목적 및 목표 설정 65

1. 목적과 목표의 개념 65
2. 목표의 유형 66
3. 목표 진술의 방법 73

제6장 청소년 프로그램의 설계 79

1. 프로그램 설계의 개념과 유의사항 79
2. 프로그램 내용 선정 및 조직의 원리 81
3. 프로그램 전개 방법 선정 및 조직의 원리 82
4. 프로그램 활동 내용 작성 방법 83

제7장 청소년 프로그램의 마케팅과 홍보 93

1. 프로그램 마케팅의 개념 93
2. 청소년 프로그램 마케팅의 절차 94
3. 청소년 프로그램의 홍보 100

제8장 청소년 프로그램의 실행 및 모니터링 106

1. 청소년 프로그램 실행의 개념과 의미 106
2. 청소년 프로그램 실행계획 수립 108
3. 청소년 프로그램 관리체계 수립 110
4. 청소년 프로그램 실행과정 115
5. 청소년 프로그램 모니터링 126

제9장 청소년 프로그램의 평가 및 개선 133
1. 청소년 프로그램 평가의 개념과 목적 133
2. 청소년 프로그램 평가의 유형 136
3. 청소년 프로그램 평가의 모형 137
4. 청소년 프로그램 평가도구의 조건과 기준 150
5. 청소년 프로그램 평가자의 역할과 평가의 절차 155
6. 청소년 프로그램 개선 158

제10장 청소년 프로그램 공모 사례 163
1. 청소년 프로그램 공모사업 사례 163
2. 학교연계 청소년활동 운영 사례 167
3. 청소년 자기주도형 봉사활동 우수사례 174

<부록 1> 공모기관 현황 194
<부록 2> 사회복지공동모금회 프로그램 배분사업 신청서 양식 196

참고문헌 240

제1부

청소년 프로그램 개발의 기초

제1장 청소년 프로그램 개발의 이해
제2장 청소년 프로그램 개발의 패러다임, 접근방법 및 모형

제 1 장 청소년 프로그램 개발의 이해

▮학습목표

1. 청소년 프로그램의 개념과 특성을 설명할 수 있다.
2. 청소년 프로그램의 유형을 설명할 수 있다.
3. 청소년 프로그램 개발의 필요성을 설명할 수 있다.
4. 청소년 프로그램 개발의 성격과 특성을 설명할 수 있다.

1. 청소년 프로그램의 개념과 특성

프로그램(program)이라는 용어는 'pro(미리) graphein(쓴다)'는 뜻을 지닌 라틴어에서 유래된 말로 순서나 연주회 등의 곡목을 미리 짜 놓은 것을 의미한다(권일남 외, 2021). 그리고 프로그램의 사전적 의미는 차례표, 연주곡목, 계획표, 예정표, 학과 과정표 등 다차원적으로 사용되고 있다.

프로그램은 우리의 일상생활에서 흔히 쓰는 용어이고, 그것을 사용하는 사람들에 따라 여러 가지 의미로 받아들여질 수 있다. 랩과 포에트너(Rapp & Poertner, 1992)는 프로그램을 '하나의 목적을 달성하기 위한 여러 활동의 집합체'로 정의하고 있고, 요크(York, 1982)는 '목적을 달성하기 위한 일련의 상호의존적인 활동들'로 정의하고 있다. 그리고 황성철(2005)은 프로그램을 '특정한 목적 달성을 위하여 자원과 기술이 투입되어 일정한 절차에 따라 이루어지는 조직의 계획적인 활동 체계'로 정의하고 있고, 김통원(2009)은 프로그램을 '특정 목적을 달성하기 위하여 설계된 일련의 계획적인 활동들의 집합체'로 정의하고 있다. 이러한 학자들의 프로그램에 대한 정의를 종합·정리하면 프로그램이란 '일정한 기관에서 특정한 목적을 달성하기 위한 계획적이고 상호의존적인 활동들의 집합체'로 정의할 수 있다. 이러한 프로그램의 개념을 청소년과 관련시켜 보면, 청소년 프로그램이란 '청소년 관련 기관에서 청소년의 건전한 발달과 사회적응을 돕기 위한 목적으로 실시되는 계획적이고 상호의존적인 활동들의 집합체'로 정의할 수 있다.

청소년 프로그램의 기본적인 특성은 다음과 같다(신동열 외, 2020).

첫째, 청소년 프로그램은 인간중심 프로그램으로 청소년의 전인적인 성장 발달을 목적으로 한다. 따라서 청소년 프로그램은 청소년의 정신적·육체적 균형 발달을 위해서 지식이나 기능습득 이외에도 심신단련, 인격형성, 정서함양, 자질 배양, 취미개발 등을 위한 다양한 콘텐츠를 제공하고 있다.

둘째, 청소년 프로그램은 청소년들이 원하는 사항을 반영하고 자발적인 참여를 전제로 한다. 간혹 어떤 목적을 가지고 의도적으로 추진되기도 하지만 대부분 청소년들 개개인이 직접적으로 구체화한 요구사항과 그들의 필요성과 흥미를 바탕으로 교육목표와 활동 내용이 선정된다.

셋째, 청소년 프로그램은 청소년들의 실제 생활과 밀접하게 연관된 활동을 중심으로 한 실생활 중심 프로그램이다. 즉, 구체적이고 실제적인 목표 아래 청소년들이 일상생활이나 사회생활에서 실제로 겪는 경험이나 당면하는 문제들과 연관된 활동 내용들을 토대로 하며, 현실 생활에 의미 있는 활동이 가능하도록 청소년들이 자신의 생활에 더더욱 충실하고 스스로 문제를 발견하여 해결할 수 있는 능력을 배양하고자 한다.

넷째, 청소년 프로그램은 디지털 환경 변화에 유연하게 대응해야 한다. 오늘날 청소년은 소통, 여가, 학습 등 대부분의 일상을 온라인 중심으로 영위하고 있다. 그래서 디지털 기술은 청소년 활동의 주요 기반이 되고 있다. 이에 따라 청소년 프로그램은 디지털 플랫폼의 활용을 포함하고 디지털 리터러시 향상과 건강한 온라인 문화 형성을 지원하는 방향으로 기획될 필요가 있다.

다섯째, 청소년의 참여와 권리를 보장하는 방향으로 기획되어야 한다. 청소년은 단순한 수혜자가 아니라 프로그램의 기획, 실행, 평가 전 과정에 참여하는 주체로 존중받아야 한다. 이를 통해 청소년은 자율성과 책임감을 기를 수 있다. 청소년의 의견을 반영하고 결정 과정에 참여할 수 있는 구조를 갖춘 프로그램일수록 효과성과 지속 가능성이 높다.

한편 청소년 프로그램은 학교에서 사용하는 교육과정(curriculum)과 구분해서 사용한다. 교육과정과 청소년 프로그램의 차이를 비교하면 <표 1-1>과 같다.

<표 1-1> 교육과정과 청소년 프로그램의 차이

구 분	교육과정	청소년 프로그램
주체★	교육부 및 교육평가원	청소년기관 및 청소년 프로그램 개발자
설계자★	선정된 전문가와 자문위원	청소년과 청소년지도자
주요 관심★	교과목 위주(획일적)	개인의 문제와 요구(유연함)
성적부여 여부★	성적을 부여함	성적을 부여하지 않음
개발의 목적(주제)★	전문가에 의해 판단된 지식, 기술, 태도, 가치 등	청소년의 특정한 요구, 역량개발, 문제해결에 도움이 되는 것
초점★	학습 내용 중심	문제·과제 중심
운영체계	학교의 행정 및 관리체계	팀 단위의 독자적 운영
지도자의 역할★	교육 내용 전달자	프로그램 개발자 및 촉진자
개발기간	장기적	단기적, 역동적
장점	학습 목표와 학습 방향이 분명하며 학습 내용이 체계적으로 구조화되어 있음	청소년의 경험을 최대한 이용하며 이들의 요구에 즉각적으로 부응함

출처 : 마상욱(2021); 진은설·이혜경·김도영(2023)을 부분 수정함.

2. 청소년 프로그램의 유형

청소년 프로그램의 유형은 개발주체, 구조화 정도, 구성 범위, 활동 내용에 따라 다양하게 분류할 수 있다.

1) 개발주체에 따른 분류

청소년 프로그램은 개발주체에 따라 국가 단위, 청소년기관 단위, 청소년지도자 단위의 프로그램으로 구분할 수 있다.

(1) 국가 단위의 청소년 프로그램

국가 단위에서 개발한 프로그램은 청소년정책의 활성화를 위하여 정책적으로 개발·보급하는 프로그램으로, 청소년 주무부처 및 지방정부의 주도 아래 개발된 프로그램을 말한다(한국청소년개발원, 2005; 마상욱, 2021). 국가 단위 프로그램의 대표적인 예는 청소년수련활동 인증제에 의한 프로그램을 들 수 있다. 인증된 청소년수련활동 프로그램은 국가가 청소년활동의 공공성과 신뢰성을 인증하는 프로그램으로, 이를 통해 국가는 청소년활동 정책의 실효성을 높이고 양질의 청소년활동 참여기회를 제공하고 있다. 즉, 국가 차원에서 청소년의 교육·사회적 환경 변화에 따른 양질의 청소년활동 프로그램을 활성화하고 참여기회를 제공함으로써 청소년들의 사회문화적 역량을 개발하도록 함과 동시에 진학 및 취업 시 자료를 활용하도록 하는 것이다(유진이·윤혜순, 2022).

국가 단위 프로그램의 또 다른 예로는 정부의 청소년활동 프로그램 공모사업으로 제시되는 청소년체험활동 영역인 자기계발활동, 모험개척활동, 교류활동, 건강·보건활동, 문화예술활동, 과학정보활동, 봉사·지역활동, 환경보존활동, 직업체험활동 등과 관련된 프로그램이 있다(마상욱, 2021; 유진이·윤혜순, 2022).

(2) 청소년기관 단위의 청소년 프로그램

청소년기관 단위의 청소년 프로그램은 청소년 단체나 시설 등에서 독자적으로 개발하는 사업적인 성격을 가진 프로그램을 의미한다. 이러한 프로그램은 각 단체의 고유한 목적과 목표를 달성하기 위해 개발되고 운영된다. 예를 들면, 청소년적십자(RCY)의 응급처치 프로그램이나 공중위생 프로그램, 해양청소년단의 해양스포츠활동 프로그램, 흥사단의 청소년 국토순례 프로그램, 보이스카우트의 야영 프로그램, 한국우주소년단의 로켓 모형 제작 프로그램, 청소년수련관의 지역사회 환경보호 프로그램 등이 있다(마상욱, 2021).

(3) 청소년지도자 단위의 청소년 프로그램

청소년지도자 단위의 청소년 프로그램은 청소년지도자가 단위 활동을 전개하는 데 필요한 세부적인 활동 계획을 수립하는 것을 말한다. 여기에는 프로그램 일시, 장소, 대상, 세부 내용, 인적 · 물적 자원 등 모든 요소가 포함되며, 레크리에이션 프로그램, 친밀감 형성 프로그램, 트레킹 프로그램, 각종 전통체험 프로그램, 스포츠활동 프로그램, 봉사활동 프로그램 등이 여기에 속한다(한국청소년개발원, 2005; 마상욱, 2021).

2) 구조화 정도에 따른 분류

청소년 프로그램은 구조화 정도에 따라 구조화된 프로그램과 비구조화된 프로그램으로 구분할 수 있다.

(1) 구조화된 프로그램

구조화된 프로그램은 프로그램의 목적과 목표가 분명하고, 이를 달성하기 위한 참여 대상 및 장소, 일시, 과정, 진행 방법, 예산과 평가 그리고 피드백 등의 정보가 자세히 제시되어 있는 것을 말한다. 즉, 구조화된 프로그램은 누구든지 계획을 보고 진행할 수 있도록 구체적으로 만들어진 프로그램이다. 그리고 구조화된 프로그램은 청소년 전문가에 의해 만들어지며, 국가, 기관, 단체, 그리고 청소년지도자가 프로그램을 진행할 수 있도록 세밀하게 구조화되어 있다(마상욱, 2021).

(2) 비구조화된 프로그램

비구조화된 프로그램은 단순한 행사 진행표나 일정표와 같은 것을 말한다. 이들 대부분은 프로그램이 갖추어야 할 기본적인 요소가 부분적으로 또는 전체적으로 생략되어 있고, 기관 또는 실행자의 주관적 경험에 크게 의존하고 있다. 비구조화된 프로그램은 나름대로 가치도 있지만, 청소년 지도의 전문성과 지속성을 확보하고 신장시키는 데는 적합하지 못하다고 할 수 있다(한국청소년개발원, 2005).

3) 구성 범위에 따른 분류

청소년 프로그램은 구성 범위에 따라 단위 프로그램, 연속 프로그램, 통합 프로그램, 종합 프로그램으로 구분할 수 있다.

(1) 단위 프로그램

단위 프로그램은 어떤 하나의 내용을 한 번에 지도하기 위한 일회성 프로그램으로, 활동 지도안의 성격을 갖는다. 예를 들면, 일회성 지역사회 봉사 프로그램(청소하기, 위문 활동 등), 견학 및 탐사 활동 프로그램(박물관 견학, 무인도 탐사 등), 각종 레크리에이션 프로그램 등이 여기에 해당한다(한국청소년개발원, 2005).

(2) 연속 프로그램

연속 프로그램은 하나의 주제를 여러 개의 내용으로 나누어 일정한 순서에 따라 지속하는 프로그램으로 동일 계열의 활동 프로그램들을 단일목표를 달성하기 위해 만든 것을 말한다. 예를 들면, 수영이나 태권도 지도, 컴퓨터 지도, 그림 지도, 악기연주 지도 등이 여기에 속한다(한국청소년개발원, 2005).

(3) 통합 프로그램

통합 프로그램은 한 주제에서 세분화된 여러 활동이나 비슷한 성격의 활동들을 모아 한 체계 속에 적절하게 연결하여 하나의 활동으로 묶어서 결합한 것이다. 통합 프로그램의 구성요소들은 수평적 관계이고 서로 독립되는 개별 내용으로서 하나의 목표를 향해 효과적으로 결합 되어 있는 것이 특징이다. 환경보호 프로그램을 예로 들면, 이는 환경문제를 인식하여 환경을 보호하는 태도를 형성하기 위한 것으로, 강물 오염, 공해, 쓰레기난 등 환경오염 실태를 알리는 활동, 환경답사 및 조사 활동, 자연 탐구 활동, 환경보호 실천 활동 등을 통합적으로 구성하는 것이다(한국청소년개발원, 2005). 또 다른 예로는 학교폭력예방 프로그램으로 신체폭력의 유형과 사례의 이해, 언어폭력의 유형과 사례의 이해, 사이버폭력의 유형과 사례의 이해, 집단 따돌림의 유형 및 사례의 이해 등을 회기별로 통합적으로 구성하는 것이다.

(4) 종합 프로그램

종합 프로그램은 여러 영역의 활동 프로그램들을 한데 모아서 종합한 것으로, 각각의 활동들의 고유성은 유지하면서 어떤 연결원칙이나 상호 관심 영역에서 그 연계성을 합리적으로 조합한 총괄성을 가진 프로그램이다. 예를 들면, 청소년 수련활동 프로그램, 전통문화활동 프로그램, 국제교류 프로그램 등 다양한 영역의 프로그램을 일주일 동안 실시하는 것이다.

4) 활동 내용에 따른 분류

청소년 프로그램은 활동 내용에 따라 스포츠활동 프로그램, 봉사활동 프로그램, 전통문화활동 프로그램, 과학활동 프로그램, 예능활동 프로그램, 자연체험활동 프로그램, 예절수양활동 프로그램, 자아계발활동 프로그램 등으로 구분할 수 있다. 활동 내용별 목적과 종류를 살펴보면 <표 1-2>와 같다.

<표 1-2> 활동 내용에 따른 유형

프로그램	목 적	종 류
스포츠 활동 프로그램	참여자들의 신체적·정신적 건강증진을 목적으로 함	① 각종 스포츠활동 프로그램 : 수영, 축구, 태권도, 등산 등 ② 안전훈련 프로그램 : 응급처치, 안전사고 대비훈련 등 ③ 영양 및 보건 프로그램 : 식단짜기, 건강교양 등 ④ 스포츠행사 프로그램 : 체육대회, 전국해양제전 등
봉사활동 프로그램	참여자들에게 이웃 및 지역사회의 중요성과 필요성, 함께 더불어 사는 삶의 자세 함양	① 불우이웃돕기 프로그램 : 불우이웃돕기 바자회, 아동양육시설 및 양로원 위문, 각종 시설방문 육체적 봉사활동 등 ② 지역사회 봉사활동 프로그램 : 꽃길 가꾸기, 지역사회 청소활동, 교통지도활동 등
전통문화 활동 프로그램	참여자들에게 올바른 문화적 정체성을 형성시켜 주는 것	① 민속놀이 프로그램 : 풍물놀이, 차전놀이 등 ② 향토민속 프로그램 : 고장의 인간문화재 조사, 전통민속생활용품조사 등 ③ 문화유적탐사 프로그램 : 내고장 사적지 탐사, 명승지 순례 등 ④ 민속예술 프로그램 : 전통음악강습, 민요강습, 탈만들기 등
과학활동 프로그램	참여자들에게 직접적인 관찰과 실험활동을 통하여 기초적인 과학적 지식을 습득 및 과학현상의 탐구능력을 키워 주는 것	① 실험 및 실습활동 프로그램 : 재미있는 과학실험, 재미있는 곤충 기르기, 유료작물 조사와 재배 등 ② 관찰 및 탐사활동 프로그램 : 천체 관찰, 해양탐구, 지역사회 환경오염 실태조사 등 ③ 견학 프로그램 : 기상대, 자연학습장, 발명품전시회 견학 등 ④ 과학공작 프로그램 : 모형자동차 만들기, 곤충표본 만들기, 대나무 헬리콥터 제작 등

예능활동 프로그램	음악, 미술, 문학, 연극, 영화 등의 예술 활동에 대한 기본적인 소양과 안목, 정서발달과 창조능력 증진에 도움을 주는 것	① 종합예술 프로그램 : 예능교실, 청소년 문화광장 등 ② 음악활동 프로그램 : 즉석가요제, 음악감상, 영상음악과의 만남 등 ③ 미술활동 프로그램 : 미술 전시회 관람, 미술대회, 공예강습 등 ④ 문학활동 프로그램 : 독서교실, 문학창작발표회 등
자연체험 활동 프로그램	참여자들로 하여금 자연을 이해하고 사랑하는 마음을 갖게 하는 것	① 탐사활동 프로그램 : 무인도 탐험, 강 탐사, 국토 탐사 활동 등 ② 자연보존활동 프로그램 : 자연농장활동, 환경보전활동 등 ③ 레크리에이션을 겸한 자연탐구활동 프로그램 : 자연관찰 하이킹, 청소년 이동캠프, 고정야영활동 등
예절수양 활동 프로그램	참여자들이 사회구성원으로서 갖추어야 할 공동생활규범 습득	① 전통예절 프로그램 : 혼례·제례·상례 배우기, 전통다도 배우기, 명절쇠기 활동 등 ② 가정생활예절 프로그램 : 가정생활윤리, 청소년 가정 상호방문 활동 등
자아계발 활동 프로그램	참여자들의 자신에 대한 이해 증진 및 긍정적인 자아개념, 자아정체성의 형성과 사회성의 증진	① 심성계발 프로그램 : 나의 소개, 효과적인 사고훈련, 위기훈련 등 ② 인간관계 개선 프로그램 : 자기주장 훈련, 경청하기, 거울이 되어 움직이기 등 ③ 가치관 정립 프로그램 : 가치관 투표, 가치관 경매활동, 두 개의 나, 청소년 법정 등 ④ 진로탐색 프로그램 : 우리의 진로, 전문직업인 초청 간담회, 직업의 세계, 진로개발, 면접 훈련 등

출처 : 박명윤(1991)을 부분 수정함.

3. 청소년 프로그램 개발의 필요성

학교에서 교육과정과 교육내용이 핵심이듯 청소년지도에서는 프로그램을 어떻게 개발하고 편성하느냐 하는 것이 성패의 열쇠가 된다(한국청소년개발원, 2005). 학교의 교육과정은 오랜 시간에 걸쳐 교과목별로 그 내용이 만들어지고 구조화되었고, 그 평가 방법까지도 규격화되어 있다. 그러나 청소년지도에서는 그 내용이 다양하여 어느 정도의 분량으로 어떻게 프로그램을 짜야 할 것인지 막연할 뿐만 아니라 프로그램을 필요에 따라 수시로 개발해야 하는 경우가 많기 때문에 프로그램에 관한 전문적인 지식과 프로그램 개발 기법이 무엇보다 중요하다(김진화 · 정지웅, 1998).

청소년 프로그램 개발은 학교의 교육과정이 안고 있는 구조적인 문제점에 대한 대안으로서 교과과정 중심의 교육에서 결핍될 수 있는 것들을 채우는 역할을 하고, 현장의 경험을 구조화하는 작업이며, 청소년과 그 가족, 사회공동체가 안고 있는 문제점과 각종 요구들, 그리고 결핍을 잘 분석하고 답을 찾도록 해준다. 또한 청소년들은 학교 교실에서 맛볼 수 없었던 성취감과 과정의 즐거움, 몰입, 협동학습, 원리의 이해 등을 경험할 수 있는 통로가 되어 준다(신동열 외, 2020; 마상욱, 2021). 청소년 프로그램 개발의 필요성은 청소년, 청소년지도사, 운영기관의 관점에서 다음과 같이 정리할 수 있다(진은설 외, 2023).

첫째, 청소년 입장에서 청소년 프로그램은 여가시간을 적절히 활용할 수 있는 기회일 뿐만 아니라 이들의 에너지를 발산하고 자신의 재능을 발견할 수 있는 좋은 기회가 되므로 삶의 질을 향상시키고 성취감을 맛볼 수 있게 된다. 그렇기 때문에 양질의 프로그램을 다양하게 개발하여 청소년들에게 제공하는 것이 무엇보다 중요하다고 할 수 있다. 이는 청소년들의 조화로운 성장과 발달로 이어지기 때문이다.

둘째, 청소년 프로그램을 개발하는 청소년지도사의 입장에서는 전문성과 직결된다. 청소년지도사의 주요 업무 중 하나는 청소년 프로그램을 개발하여 그 프로그램으로 청소년을 지도하는 일이다. 이 프로그램을 어떻게 개발하는지에 따라 청소년지도의 능력과 그에 따른 전문성을 평가받을 수 있기 때문에 청소년 프로그램의 개발은 청소년지도사에게도 매우 중요하다고 할 수 있다. 특히 청소년을 대상으로 하는 직업군 중에서도 청소년지도에 대한 사회적 인식과 전문성 인정이 미흡한 실정을 감안할 때 체계적인 프로그램을 개발하여 청소년지도 분야가 전문영역으로서 자리 잡을 수 있도록 하는 노력이 함께 필요하다.

셋째, 청소년 프로그램을 운영하는 기관의 입장에서는 기관의 생존과 관련하여 설명할 수 있다. 청소년 프로그램을 운영하는 기관·단체·시설은 저마다의 설립목적을 가지고 있으나 그중 중요한 목적 중의 하나는 청소년들의 균형 있는 성장과 발달을 위한 프로그램의 운영이다. 청소년 프로그램을 운영하지 않는다면 기관으로서의 존재 의미가 사라지게 되는 것이다. 따라서 청소년들의 발달 특성과 상황에 맞는 다양한 프로그램을 지속적으로 개발하여 운영하는 것이 요구된다. 또한 청소년 기관·단체·시설이 지속적으로 발전을 꾀하기 위해서는 사회적 변화가 빠른 오늘날의 시대적 흐름을 감안하여 이에 맞는 변화 창출의 전략으로서 프로그램의 개발이 계속되어야 한다.

4. 청소년 프로그램 개발의 성격과 특성

1) 청소년 프로그램의 성격

청소년 프로그램의 성격은 다음과 같다(유진이·윤혜순, 2022).

첫째, 청소년 프로그램은 대상 중심적이다. 청소년 프로그램은 타 프로그램과는 달리 청소년이라는 대상을 중심으로 만들어진 프로그램이다. 따라서 청소년기의 심리적 특성에 맞는 주제, 연령, 환경, 관심사 등에 따라 다양한 청소년 프로그램이 존재한다.

둘째, 청소년 프로그램은 결과 중심이 아닌 과정 중심의 성격을 갖는다. 청소년 프로그램은 학업성적이라는 교육과정의 결과와는 다르게 전인적인 성장을 위해 다양한 청소년 프로그램 참여 과정 중에 무엇인가를 얻게 되는 과정 중심의 프로그램이다.

셋째, 청소년 프로그램은 미래지향적이며 현실지향적인 성격을 동시에 갖는다. 청소년 프로그램은 미래의 행동방향을 사전에 수립하는 미래지향적인 성격과 청소년들의 요구와 특성에 따라 내용과 방법의 일부를 융통성 있게 수정・변경시킬 수 있는 현실지향적인 성격을 동시에 지니고 있다.

넷째, 청소년 프로그램은 이론 중심이 아닌 활동 중심의 성격을 갖는다. 청소년 프로그램은 이론이나 지식을 가르치기 위해 의도된 것이 아니라 그들이 실제 활동할 내용과 방법을 계획한 것이다.

다섯째, 청소년 프로그램은 청소년 지도의 목적 및 목표를 달성하기 위한 수단적인 성격을 갖는다. 청소년 프로그램은 그 자체가 목적이 아니라 청소년 지도의 목적을 달성하기 위한 수단이다.

여섯째, 청소년 프로그램의 평가 준거는 효과성과 효율성, 그리고 매력성이다. 효과성은 주어진 목표를 어느 정도 달성하였는가와 관련된 평가 준거이고, 효율성은 일반적으로 투입(input) 대비 산출(output)과 관련된 평가 준거이며, 매력성은 프로그램이 얼마나 의미 있고 유용하며 호기심과 흥미를 자극하였는가와 관련된 개념으로, 과정을 측정하는 준거이다.

2) 청소년 프로그램 개발의 특성

청소년 프로그램은 개발 과정이 협동적 성격과 체제적 성격 등이 부각되는 다원적인 특성을 나타내고, 실천지향적이며 경영 관리적 성격을 포함하고 있다. 청소년 프로그램 개발의 특성은 다음과 같다.

첫째, 청소년 프로그램 개발주체는 청소년단체와 청소년기관 그리고 청소년 자신이 된다. 이러한 특성은 학교의 교육과정과는 매우 다른 특성이다. 학교의 교육과정은 교육부 중심의 행정관리체계를 갖고 있다. 그러나 청소년 단체와 기관은 청소년의 요구분석을 통해 독립적으로 프로그램을 개발한다. 뿐만 아니라 프로그램의 대상인 청소년이 직접 프로그램 개발에 참여하고 의사결정을 할 수 있다. 이러한 과정을 통해 청소년의 자발성과 프로그램의 효과성을 높일 수 있다(마상욱, 2021).

둘째, 청소년 프로그램은 내용이나 주제, 방법 등에서 다양성을 지닌다. 청소년 프로그램은 지식정보사회에서 날로 증대되는 청소년 개인의 요구와 사회나 국가의 요구를 충족시켜야 하기 때문에 광범위한 영역과 주제에 걸쳐 프로그램 개발이 이루어지고 있다(신동열 외, 2020).

셋째, 청소년 프로그램은 개발과정에서 청소년지도자의 역할이 학교 교사보다 월등히 크다. 학교교육에서 교사는 국가에서 개발된 교육과정의 틀 안에서 교육내용을 전달하는 역할이 강한 데 반해, 청소년지도자는 프로그램의 내용 자체를 자유롭게 선정하고 조직하는 역할을 수행한다(한국청소년개발원, 2005).

넷째, 청소년 프로그램은 청소년기관 및 단체의 성격, 프로그램의 유형, 프로그램의 단위, 프로그램 참여자의 형태, 프로그램 개발자의 성향에 따라 내용이나 조직, 시기, 장소, 방법 등이 다른 양상을 지닌다(유진이 · 윤혜순, 2022).

연구과제

1. 교육과정(커리큘럼)과 프로그램의 차이에 대해 설명하기
2. 개발주체에 따른 청소년 프로그램의 유형을 비교해서 설명하기
3. 구성 범위에 따른 청소년 프로그램의 유형을 비교해서 설명하기
4. 청소년 프로그램 개발의 필요성을 설명하기
5. 청소년 프로그램의 성격에 대해 설명하기
6. 청소년 프로그램 개발의 특성에 대해 설명하기

제 2 장 청소년 프로그램 개발의 패러다임, 접근방법 및 모형

▮ 학습목표

1. 청소년 프로그램 개발의 패러다임을 설명할 수 있다.
2. 청소년 프로그램 개발의 원리와 접근방법을 설명할 수 있다.
3. 프로그램 개발의 통합모형을 설명할 수 있다.
4. ADDIE모형을 설명할 수 있다.

1. 청소년 프로그램 개발의 패러다임

일반적으로 패러다임(paradigm)은 어떤 한 시대 사람들의 견해나 사고를 지배하고 있는 이론적인 틀이나 개념의 집합체라고 정의한다(김진호 외, 2009). 청소년 프로그램 개발의 패러다임이란 청소년지도자가 청소년 프로그램을 개발하기 위해 가지고 있는 이론적 틀이나 개념의 집합체, 즉 개개인의 인식의 틀이라 할 수 있다(천정웅 외, 2015). 청소년 프로그램 개발의 패러다임은 실증주의 패러다임, 구성주의 패러다임, 비판주의 패러다임의 세 가지 영역으로 구분할 수 있다.

1) 실증주의 패러다임

실증주의(positivism) 패러다임은 인식의 주체인 인간과 지식은 분리되어 존재한다는 객관적이고 과학적인 인식론의 입장이다. 따라서 실증주의 패러다임에서 교육이란 학습자에게 지식을 전달하는 기계론적인 교육관에 초점을 둔다(마상욱, 2021).

홀(Houle)의 모델은 프로그램 개발의 과학적 절차를 논한 최초의 것이다. 그러나 사실상 홀의 모델은 타일러(Tyler)의 교육과정 개발이론의 영향을 받았다(Cervero & Wilson, 1996). 그리고 타일러의 교육과정 개발이론은 많은 프로그램 개발 모형들을 탄생시키는 데 영향을 미쳤다(마상욱, 2021).

실증주의에서 프로그램 개발이란 청소년지도자와 청소년 사이의 수단적인 메커니즘을 효과적으로 만들어 가기 위해 프로그램 개발의 절차를 강조하고, 이러한 의도와 목표에 의해 내용을 결정하는 목표-수단모델의 성격이 강하다. 따라서 실증주의 패러다임에서는 목표를 달성하기 위한 수단으로 프로그램을 인식한다(한국청소년개발원, 2005).

실증주의 패러다임에서는 청소년과 청소년지도자와의 관계를 가르치고 배우는 교수행위 관계로 가정한다. 이러한 관계 설정의 배경에는 프로그램에 참여하는 청소년을 수동적이고 피동적인 존재로 간주하는 인식이 깔려 있다. 이러한 관점에서는 당연히 사전에 설정된 목표와 직접적으로 관련된 내용과 활동만을 지나치게 강조하고, 외형적인 행동변화에 초점을 맞추는 행동주의 학습원리를 따른다(한국청소년개발원, 2005; 마상욱, 2021). 반복을 통해 정해진 지식을 전달하는 방식의 교육제도가 바로 실증주의적 패러다임의 표본이다.

2) 구성주의 패러다임

구성주의(constructivism) 패러다임은 지식은 인간의 지각적·감각적 경험에 의해 구성되며, 그러한 구성적 과정을 통해 지식에 대한 내적 표상을 형성시켜 나가는 과정을 학습으로 규정한다(신동열 외, 2020). 그리고 인간을 그저 수동적인 존재로 보는 것이 아니라 주도적·실존적 존재로 규정함으로써 청소년 지도의 과정을 청소년지도자와 청소년이 함께 '의미를 창출하는 상호작용 과정'으로 규정한다. 이러한 맥락에서 볼 때, 청소년 프로그램은 청소년지도자와 청소년 간에 긴밀한 상호작용을 통해 의미를 창출할 수 있는 구체적인 교육적 실체로 간주된다. 그러므로 청소년은 프로그램 속에서 체험하는 다양한 교육적 경험을 통해 지속적인 반성적 숙고 과정(reflective process)을 거치게 되고, 청소년지도자와 청소년은 함께 의미를 창출하고 공유하는 상호작용의 주체이며, 프로그램의 실질적 주인공이다(한국청소년개발원, 2005).

그러므로 청소년 프로그램 개발은 청소년지도자와 청소년의 상호작용을 안내하기 위해 수행되는 의도적인 실천 행위로 간주하고, 청소년은 청소년지도자와의 상호작용을 통해 성장해 간다. 당연히 프로그램 개발은 특정 분야의 내용 전문가에게 전적으로 위임하지 않고, 청소년지도자와 청소년 중심의 프로그램 개발을 강조한다(한국청소년개발원, 2005). 구성주의 패러다임에서 청소년지도자의 역할은 청소년들의 자기주도적 의사결정을 촉진하는 것이다.

3) 비판주의 패러다임

비판주의(criticism) 패러다임은 이데올로기적, 사회경제적 힘(power)들로부터 발생되는 인간의 억압의 상태를 해방시키는 데 관심을 기울였으며, 흔히 비판적 또는 해방적 패러다임이라 칭한다. 이 억압상태는 교육적 성장을 방해하기 때문에 방해하는 요인들이 무엇인가를 밝혀내고 이를 극복하기 위해 교육이 필요하다고 주장한다(신동열 외, 2020). 그리고 교육이 개인의 진정한 해방을 목적으로 하고 있기 때문에 교육을 '의식화' 과정으로 간주한다. 의식화는 비판적 통찰력과 창조적 행위 능력을 포괄하는 개념으로 청소년지도의 과정이 청소년과 청소년지도자와의 대화와 타협을 통해 이루어진다고 가정한다(한국청소년개발원, 2005).

따라서 프로그램의 내용은 청소년의 반성(reflection)과 행위(action)의 상호작용으로 설명되는 비판적 실천 행위(praxis)이고, 프로그램의 개발 형태는 대화 모형(dialogical model)의 형태를 갖는다(천정웅 외, 2015).

비판주의 패러다임과 관련된 프로그램 개발의 접근방법은 비판적 실천 이론이다. 이 접근법의 특징은 프로그램을 통한 변화의 대상을 개인 학습자 외에도 사회적 구조까지 포함시키고 있다. 비판적 패러다임의 중요한 개념인 정당화의 학습과정은 청소년 프로그램의 내용과 지식을 선정하여 구성하는 과정으로서 학습자 상호 간의 대화 과정에 중점을 두며, 이러한 학습과정은 일종의 대화 과정임과 동시에 프로그램 개발의 과정이기도 하다. 비판적 실천이론의 대전제는 인간의 지식이 사회적 구성물이라는 것이며, 학습자들은 교육자와의 상호작용에서 존재가치와 권리를 동등하게 지닌 교육의 주체로서 지식의 구성과정에 자발적이고 능동적으로 참여하고 이것의 갈등적 의미를 비판적으로 검토하게 된다(신동열 외, 2020). 따라서 교수자와 학습자는 서로 배우며 가르치는 동반자적 · 대화적 관계이다.

실증주의, 구성주의, 비판주의는 청소년 프로그램 개발의 주요 이론틀로 각각 다른 접근 방식을 제시해 왔다. 현재 적용되고 있는 제7차 청소년정책 기본계획(2023~2027)은 이러한 패러다임에 새로운 방향성을 제시하고 있다. 디지털 기반 활동과 플랫폼 활용 확대는 구성주의의 체험 중심, 자기주도 학습을 강화하고, 데이터 기반 위기지원 체계 구축은 실증주의의 분석적이고 체계적인 접근과 맞닿아 있다. 또한 청소년 참여와 권리 보장 강화는 비판주의가 강조하는 주체성, 대화 중심 개발 방식과 긴밀하게 연결된다. 앞으로의 청소년 프로그램은 다양한 패러다임을 유기적으로 통합하여, 청소년이 능동적으로 참여하고, 안전하게 보호받으며, 디지털 환경에서 성장할 수 있는 구조로 개발되어야 한다.

2. 청소년 프로그램 개발의 원리와 접근방법

1) 청소년 프로그램 개발의 원리

청소년 프로그램은 청소년 지도의 목적을 달성하기 위해 전문적이고 체계적인 프로그램의 개발과정이 요구된다. 청소년 프로그램의 질은 프로그램의 개발과정에 의해 결정되기 때문에 청소년 프로그램 개발은 청소년 프로그램의 질적 제고와 체계화라는 차원에서 매우 중요하다. 이러한 측면에서 청소년 프로그램 개발은 기본적으로 창조성, 현실성, 논리성이라는 기본적인 원리를 충족해야 한다(유진이 · 윤혜순, 2022).

(1) 창조성

창조성은 아이디어 차원으로서 프로그램의 개발을 통해 창출될 내용의 혁신성과 차별성을 의미한다. 개발될 프로그램의 내용이 기존의 것보다 새로운 것이어야 하며, 다른 기관이 가지고 있는 것과 구별되는 독특성이 있어야 한다.

(2) 현실성

현실성이란 프로그램 내용의 실현 가능성 차원을 말한다. 무슨 계획이든지 그 결과가 주어진 자원과 여건을 고려할 때 실현 가능한 것이어야 할 것이다. 즉, 내용이 아무리 좋아도 프로그램을 수행하는 청소년기관이나 청소년지도자, 그리고 물리적 · 환경적 여건이나 자원이 받쳐주지 않아 현실적으로 실행할 수 없는 프로그램은 무의미한 개발이 되기 때문이다. 아무리 좋은 내용이라 할지라도 실현 가능하지 않은 계획내용은 더 이상 가치가 없기 때문이다.

(3) 논리성

논리성은 프로그램 개발행위의 체계성과 합리성 차원을 말한다. 창조성과 현실성이 프로그램 개발에 있어서 기본요소로서 독립적 성격이라면 논리성은 프로그램 개발에 있어 토대와 같은 기능을 한다. 그 결과 논리성은 프로그램 전체를 검토하는 역할을 하게 된다. 청소년 프로그램 개발이 비합리적·비체계적으로 이루어지게 되면 좋은 결과를 기대할 수 없을 뿐만 아니라 더는 전문적인 활동으로 인정받을 수 없다.

<표 2-1> 청소년 프로그램 개발의 원리

창조성	현실성	논리성
• 아이디어 차원 • 창출된 내용의 혁신성, 차별성	• 실현 가능성 차원 • 주어진 자원과 여건 고려	• 체계성, 합리성 차원 • 프로그램 전체를 검토하는 역할

2) 청소년 프로그램 개발의 접근방법

프로그램 개발의 접근방법은 상황, 조건, 환경 등에 의해 다양하게 선택될 수 있다. 코왈스키(Kowalski, 1988)는 프로그램 개발의 접근방법을 비통합적 접근방법, 통합적 접근방법, 선형적 접근방법, 비선형적 접근방법으로 분류하였다.

(1) 비통합적 접근방법

비통합적 접근방법은 청소년의 참여를 고려하지 않고 청소년 단체나 기관, 그리고 청소년지도자가 독자적·주도적으로 프로그램을 개발하는 방식(신동열 외, 2020)이며, 프로그램 개발 시 타 기관의 프로그램을 그대로 모방하는 방식을 선호한다. 이로 인해 비통합적 접근방법은 프로그램 개발 과정에서 청소년의 요구나 가치를 반영하려는 노력을 하지 않을 수 있다. 이러한 비통합적 접근방법은 청소년지도자의 창의성도 업무능력도 저하시키는 결과를 가져온다. 청소년지도자는 자신이 속해 있는 기관의 규모, 지역사회의 요구, 청소년의 문제와 결핍, 그리고 청소년의 요구를 분석하여 적절한 프로그램으로 만들어야 한다(마상욱, 2021).

비통합적 접근방법의 장점은 다음과 같다. 첫째, 프로그램 개발자는 특별한 기술이나 능력이 없어도 프로그램을 개발할 수 있다. 둘째, 시간과 비용 및 노력을 절약할 수 있다. 셋째, 프로그램 계획을 쉽게 개정하거나 수정할 수 있다. 넷째, 지도자에 의해 단시간 내에 프로그램을 개발할 수 있다.

이에 반해, 비통합적 접근방법의 단점은 다음과 같다. 첫째, 참여 청소년의 요구가 반영되지 않을 수 있다. 둘째, 참여자를 배제한 프로그램 개발이기 때문에 현실성이 부족하고 장기적으로 지속되기 어렵다.

(2) 통합적 접근방법

통합적 접근방법은 프로그램 개발에 영향을 미치는 요인들을 종합적으로 고려하는 방식으로 체제분석적 접근방법이라고도 한다. 이러한 통합적 접근방법은 투입, 과정, 산출, 피드백의 과정을 거치며, 전체를 부분의 단순한 합으로 보지 않고 상호 유기적으로 관련되어 있는 것으로 파악한다. 통합적 접근방법에서의 프로그램 개발 방법은 총체적이고 분석적이기 때문에 개발 과정이 복잡하고 개발자들의 전문적인 능력을 요구한다(진은설 외, 2023).

통합적 접근방법의 장점은 다음과 같다. 첫째, 다른 모형에 비해 개발 오류를 최소화할 수 있다. 둘째, 청소년의 흥미와 요구를 적극 반영한다. 셋째, 조직의 목표와 자원, 정책 등도 충분히 반영한다. 넷째, 과학적인 분석을 근거로 프로그램을 개발하기 때문에 비통합적 접근법에 의해 개발된 프로그램보다 타당성이 높다(진은설 외, 2023).

그러나 프로그램 개발자가 시스템에 대한 이해가 없으면 환경과 조직의 요구와 가치를 분석하지 못하고 성공 가능성은 낮아진다(마상욱, 2021).

(3) 선형적 접근방법

선형적 접근방법은 청소년지도 현장에서 주로 사용되는 전통적 기법이며, 프로그램 개발을 단선적으로 일어나는 현상으로 전제하여 그 과정을 단계별로 세

분화하여 프로그램을 개발하는 방법이다(진은설 외, 2023). |그림 2-1|에서 보는 바와 같이 프로그램 개발과정은 요구분석, 목표 설정, 프로그램 설계, 자원 획득, 프로그램 홍보, 프로그램 실행의 6단계로 구성되는데, 각 단계마다 하나의 절차만 수행되고 한 단계가 마무리된 후에 비로소 다음 단계에서 수행될 절차가 연속적으로 진행된다(한국청소년개발원, 2005).

선형적 접근방법은 프로그램 개발 경험이 적은 청소년지도자도 쉽게 개발할 수 있는데, 그 이유는 각 단계별 과업이 명확하고 단순하여 안정감을 가지기 때문이다. 하지만 선형적 접근방법은 조직과 외부환경을 정적인 것으로 가정하고 있다는 것이 단점이다. 현실적으로 보면 모든 조직과 외부환경은 역동적이어서 선형적 모형에 의해 개발된 프로그램은 역동적인 환경변화에 능동적으로 대처할 수 있는 유연성이 낮다(진은설 외, 2023). 즉, 획일적인 프로그램 설계로 인해 급변하는 사회환경 변화에 능동적인 대처가 어렵다.

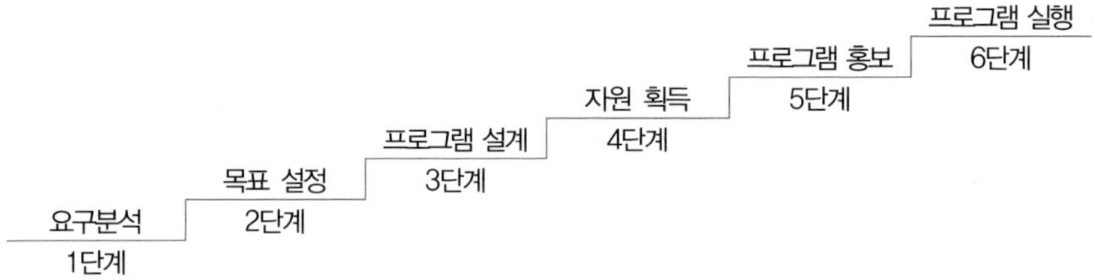

|그림 2-1| 프로그램 개발의 선형적 접근방법

(4) 비선형적 접근방법

선형적 접근방법이 각 단계에 하나의 절차만 수행되는 것에 비해 비선형적 접근방법은 같은 시간에 몇 개의 절차가 동시에 이루어져 시간적 제약을 받지 않으며, 각 단계가 계속적으로 순환되는 특징을 가진다. 그리고 |그림 2-2|에서 보는 바와 같이 프로그램 평가가 이 접근의 중심 핵이 되어 각 단계마다 적절한 평가가 되풀이되고 피드백된다. 이러한 이유 때문에 비선형적 접근방법은 선형

적 접근방법에 비해 훨씬 더 어렵고 더 많은 자원을 필요로 하며, 프로그램 개발 과정에서 개발자의 상당한 전문능력과 전문성이 요구된다(한국청소년개발원, 2005; 신동열 외, 2020). 이 접근법은 다른 접근법에 비해 창의적으로 프로그램을 개발할 수 있다는 장점이 있다.

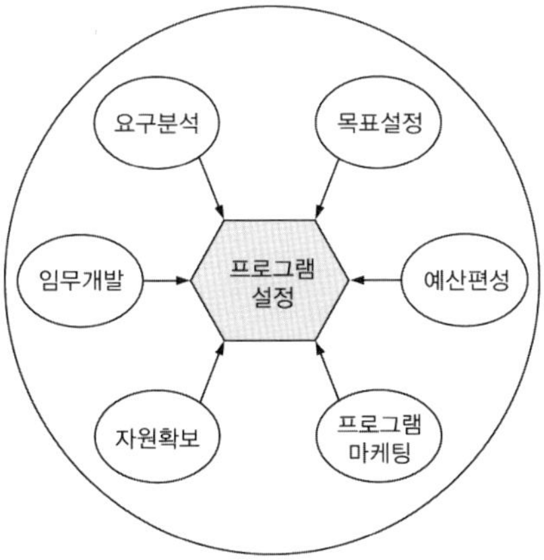

|그림 2-2| 프로그램 개발의 비선형적 접근방법

한 걸음 더

- **전통적 합리주의적 접근방법** : 타일러(Tyler)의 전통적 합리성 이론에 토대를 두었고, 프로그램 개발 절차의 합리성과 실천성을 강조하며, 프로그램 개발 과정에서 지도목표 설정이 중요한 관심사가 되고 프로그램 내용이 지도목표 달성의 수단에 불과하다는 관점에서 개발 절차를 밟아 가는 특성을 보인다.
- **자연주의적 접근방법** : 프로그램 개발자와 참여자 간의 상호작용을 강조하는 맥락적 상호작용 이론에 근거하고, 프로그램 개발의 상황과 관련된 다양한 요소를 고려하여 순환적인 원리에 따르며, 프로그램 목표보다는 프로그램 내용을 프로그램 개발의 선행적 요소로 간주한다.
- **경영관리적 접근방법** : 청소년기관이 점차 조직화, 전문화, 제도화되어 감에 따라 프로그램 개발은 체계적이고 논리적인 방법으로 교육적 변화를 기획·실시·평가하는 행동이며, 그 기본특성은 계획된 교육목표를 성취하기 위하여 여러 가지 활동을 조정하는 경영관리적 차원의 성격을 가지고 있다고 본다.

- **자원활용 계획적 접근방법** : 지역사회나 청소년기관이 보유하고 있거나 동원할 수 있는 인적·사회적·물적 자원을 최대한으로 활용하는 청소년 프로그램 계획 접근을 의미한다.
- **직무분석 중심 계획적 접근방법** : 프로그램 개발의 첫 단계를 직무분석부터 하는 것으로, 직무분석이란 직업과 관련하여 해당 직종에 근무하는 사람들의 직무를 기술하고 보다 구체적으로 직업명세서, 직무명세서, 작업명세서 등을 작성하여 그 직무의 체계도, 성격과 기능, 그리고 직무수행에 필요한 요소들을 파악하는 것을 말한다.
- **점증주의적 접근방법** : 합리적 의사결정 모형에 대한 대안의 하나로 제안되었고, 점진적 변화에 초점을 맞춘 프로그램 접근방법이다. 급격한 변화나 장기적 전망에 의한 계획적인 변화보다도 현실의 당면문제를 점진적으로 해결하고 대처해 나가는 데 중점을 둔 의사결정 접근방법이다.
- **기술공학적 접근방법** : 목표중심 프로그램 개발 접근방법으로 프로그램에 참여하는 청소년의 외형적 행동 변화에 교육목표를 두고 달성하는 접근방법이다.
- **참여계획적 접근방법** : 청소년 프로그램과 관련된 사람을 모두 대상자로 참여시켜 함께 청소년 프로그램을 계획해 나가는 방법을 말한다.

3. 프로그램 개발의 통합모형

청소년지도현장에서 활용할 수 있는 프로그램 개발의 통합모형을 한국청소년개발원(2005)과 양정하 등(2023)을 수정·보완하여 |그림 2-3|과 같이 제시하였다. 이 통합모형은 프로그램 기획, 프로그램 설계, 프로그램 마케팅, 프로그램 실행 및 모니터링, 프로그램 평가 및 개선 등 5개의 단계로 설정하여 각 단계에서 수행되어야 할 다양한 절차를 체계적으로 정리하였다.

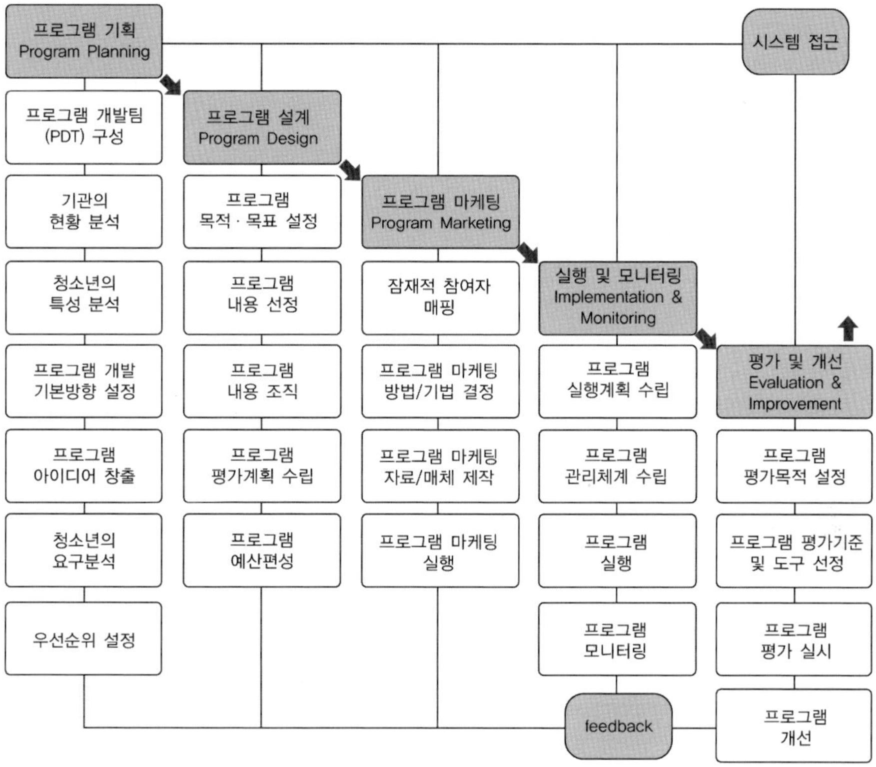

|그림 2-3| 프로그램 개발의 통합모형

1) 프로그램 기획

프로그램 개발을 위한 첫 단계는 프로그램 기획(program planning)이다. 기획은 미래지향적 활동으로 계획(plan)을 수립하는 활동과 과정을 의미하고, 계획은 이 과정에서 얻은 결과 산출을 의미한다(정무성, 2008). 프로그램 기획에는 프로그램 개발팀(PDT) 구성, 기관의 현황 분석, 청소년의 특성 분석, 프로그램 개발 기본방향 설정, 프로그램 아이디어 창출, 청소년의 요구분석, 우선순위 설정 등이 포함된다. 본 서의 제3장은 프로그램 개발의 기획, 제4장은 요구분석을 다루고 있다.

2) 프로그램 설계

프로그램 설계(program design)는 기획단계에서 확인된 청소년의 요구와 프로그램 개발의 기본방향에 맞게 프로그램의 목적과 목표 설정, 프로그램 내용 선정 및 조직, 프로그램 평가계획 수립, 프로그램 예산 편성을 하는 단계이다.

집이나 건물을 짓기 위해서 설계 도면인 청사진을 만드는 것처럼, 프로그램을 만들어서 실행하기 위해서는 무엇보다도 먼저 프로그램을 설계해야 한다. 어떤 프로그램이 필요한지에 대한 구체적인 요구를 반영하는 것이 바로 프로그램 설계도라는 청사진이라 말할 수 있다. 어떤 프로그램을 얼마의 재원을 가지고 누구를 위해 제공할 것인지 등의 개략적인 프로그램의 방향은 모두 프로그램 설계에 반영된다(지은구, 2005).

따라서 프로그램 설계는 가장 많은 노력과 인내가 필요하며, 가장 정교해야 한다. 본 서의 제5장은 프로그램 목적과 목표 설정, 제6장은 프로그램의 설계를 다루고 있다.

3) 프로그램 마케팅

프로그램 마케팅(program marketing)이란 프로그램에 잠재적 참여자의 참여를 유도하고 촉진시키기 위해 취해지는 조치를 말한다. 프로그램 마케팅에는 잠재적 참여자 매핑(mapping), 프로그램 마케팅 방법 및 기법 결정, 프로그램 마케팅 자료 및 매체 제작, 프로그램 마케팅 실행 등이 포함된다(진은설 외, 2023). 본 서의 제7장은 프로그램 마케팅을 다루고 있다.

4) 프로그램 실행 및 모니터링

프로그램 실행 및 모니터링(program implementation & monitoring)은 완성된 프로그램을 실제 적용하고 전개하며 점검하는 단계이다. 설계가 완료된 프로그램은 실행 및 운영과정을 거치지 아니하면 그 가치를 판단할 수 없다. 프로그램의 실행은 컴퓨터의 프로그램을 실행하는 것처럼 자동으로 이루어지는 것이 아니라 이와 관련된 클라이언트, 관리자, 담당자 등의 의도적인 노력에 의해 이루어진다 (한국청소년개발원, 2005).

프로그램 실행 및 모니터링에는 프로그램 실행계획 수립, 프로그램 관리체계 수립, 프로그램 실행, 프로그램 모니터링(점검) 등이 포함된다. 본 서의 제8장은 프로그램의 실행 및 모니터링을 다루고 있다.

5) 프로그램 평가 및 개선

프로그램 개발의 마지막 단계는 프로그램 평가 및 개선(program evaluation & improvement)이다. 프로그램 평가는 프로그램이 의도한 결과가 잘 성취되었는지를 확인하는 절차이고, 프로그램 개선은 프로그램 모니터링 결과를 토대로 프로그램의 효과적인 실행을 위한 조치로서, 시정조치와 예방조치가 있다.

프로그램 평가 및 개선 단계에는 프로그램 평가 목적 설정, 프로그램 평가기준 및 도구 선정, 프로그램 평가 실시, 프로그램 개선 등이 포함된다. 본 서의 제9장은 프로그램의 평가 및 개선을 다루고 있다.

4. ADDIE모형

ADDIE모형은 프로그램이나 교육과정을 설계하는 프로그램 개발의 전형적인 틀이라고 할 수 있다. ADDIE모형은 분석(Analysis), 설계(Design), 개발(Development), 실행(Implementation), 평가(Evaluation)의 단계를 따르는데 이 단계들은 모두 유기적으로 연관되어 있다.

1) 분석단계

분석단계는 교수설계의 가장 초기 단계로서 학습 내용을 정의하고 계획을 결정하는 단계이다. 이 단계에서 프로그램 개발자는 요구분석, 직무 및 과제분석, 학습자 분석, 환경분석을 수행해야 한다. 요구분석은 프로그램에 영향을 미치는 여러 가지 요인과 제약 요건을 규명하여 합리적으로 프로그램을 설계 및 개발하는 데 도움이 되는 요구사항을 관리·수행하는 활동이라 할 수 있다. 직무 및 과제분석은 교수 및 학습자가 목표를 달성하기 위해 필요한 지식, 기능, 태도 등을 파악하고 분석하는 것이다. 학습자 분석은 학습자의 특성을 파악하고, 학습자가 필요로 하는 것과 기대되는 것이 무엇인지를 파악하는 것으로 나이, 성별, 경험 등의 일반적 특성과 학습 능력 및 학습자들이 선호하는 학습양식을 분석하는 것이며 학습자 요구의 우선순위 결정도 하게 된다. 환경분석은 학습이나 교수에 영향을 미치는 교수매체, 컴퓨터기반 환경 등 교육에 실제 사용할 수 있는 물적 자원과 학습공간의 물리적 환경 등 기관 내부 및 외부 환경을 분석하는 것이다(진은설 외, 2023). 이 외에도 분석단계에서는 프로그램 개발팀 및 자문위원회 구성, 개발 필요성 검토 및 추진 여부 결정 등을 하게 된다.

2) 설계단계

설계단계는 분석단계에서 파악한 문제점과 산출물을 종합하여 효과적인 교육 프로그램을 개발하는 단계이다. 설계단계에서는 수행목표를 명확히 하고(수행목표의 명세화), 그 목표 달성 여부를 평가할 평가도구를 개발 및 선정하며, 계열화(학습 내용과 활동의 제시, 경험순서의 배열 등)를 통해 교수 전략 및 매체를 선정하고, 프로그램의 청사진 제시가 이루어진다.

3) 개발단계

개발단계는 분석과 설계단계에서 도출한 내용을 기반으로 교수-학습 자료를 실제로 개발하고 제작하는 단계이다. 최종자료를 개발하기 위해서 초안을 제작하고 몇 차례의 검토를 거친 후 수정 및 보완하는 작업이 진행된다. 이러한 과정을 거쳐 최종적으로 도출한 교수-학습 자료는 목표와 내용에 적합한지를 포함하여 프로그램의 개발 비용, 사용 기간, 활용성, 형성평가 결과가 반영되어 수정되었는지 등을 확인해야 한다(진은설 외, 2023).

4) 실행단계

실행단계는 설계·개발된 프로그램을 실제 현장에 적용하고 이를 교육과정에 반영(설치 및 사용)하여 계속 유지하고 변화를 관리하는 단계이다.

5) 평가단계

평가단계는 실행과정에서의 모든 결과를 평가하는 단계이다. 평가를 위해 평가자료 수집 및 분석이 이루어진다. 프로그램 운영이 종료되었을 때 총괄평가가 행해지는데, 프로그램의 효과성과 효율성, 프로그램의 적절성 평가 등을 종합 평가하여 해당 프로그램의 지속 여부, 문제점, 수정사항 등에 대해 결정한다.

▮ 연구과제

1. 청소년 프로그램 개발 패러다임의 3가지 영역인 실증주의 패러다임, 구성주의 패러다임, 비판주의 패러다임을 비교해서 설명하기
2. 청소년 프로그램 개발의 접근방법인 비통합적 접근방법, 통합적 접근방법, 선형적 접근방법, 비선형적 접근방법을 비교해서 설명하기
3. 프로그램 개발의 통합모형에 대해 설명하기
4. ADDIE모형에 대해 설명하기

제2부

청소년 프로그램의 개발과정

제3장 청소년 프로그램의 기획

제4장 청소년 프로그램의 요구분석

제5장 청소년 프로그램의 목적 및 목표 설정

제6장 청소년 프로그램의 설계

제7장 청소년 프로그램의 마케팅과 홍보

제8장 청소년 프로그램의 실행 및 모니터링

제9장 청소년 프로그램의 평가 및 개선

제10장 청소년 프로그램 공모 사례

제 3 장 청소년 프로그램의 기획

▮ 학습목표

1. 프로그램 기획의 개념과 특성을 설명할 수 있다.
2. 프로그램 기획의 원칙과 제한요인을 설명할 수 있다.
3. 청소년 프로그램 기획의 필요성을 설명할 수 있다.
4. 청소년 프로그램 기획자가 갖추어야 할 능력을 설명할 수 있다.
5. 청소년 프로그램 기획의 단계를 설명할 수 있다.

1. 프로그램 기획의 개념과 특성

일반적으로 '기획(planning)'과 '계획(plan)'이라는 용어는 혼용해서 사용하고 있다. '계획'이란 어떤 일을 하기에 앞서 방법, 순서, 규모 등을 미리 생각하여 세운 내용을 의미한다. 계획을 수립하는 과정을 '기획'이라 하고, 이 과정에서 얻은 결과 산출을 '계획'이라고 한다(정무성, 2008). 즉, 계획은 기획의 결과로 나타나는 것이다. 청소년 프로그램 개발에서는 계획의 수립과정이 더 중요하기 때문에 기획이라는 용어를 주로 사용하며, 본 서에서는 기획을 계획의 의미를 포함한 용어로 사용하고자 한다. <표 3-1>은 기획과 계획의 개념 차이를 나타낸 것이다.

<표 3-1> 기획과 계획의 차이

기 획	• 계획을 세워 가는 활동과 과정을 말하며 초점을 두는 계속적인 행동으로서의 의미가 강함 • 기획의 특징 : 미래지향적, 계속적인 과정, 의사결정과 연결, 목표지향적, 목표를 위한 수단
계 획	• 어떤 구체적인 사업에 대한 연속적인 의사결정이라는 의미가 있으나 기획에서 도출된 결론, 이미 결정된 행동노선을 가리키는 경우가 많음

출처 : 정무성(2008).

프로그램 기획의 특성은 다음과 같다(York, 1982; 한국청소년개발원, 2005; 신동열 외, 2020).

① 기획은 미래지향적(future-oriented)이다. 기획은 과거에 수행되었던 것을 진술하거나 이미 이루어진 결정을 합리적으로 정당화하기 위한 노력이 아니라는 것을 의미한다.

② 기획은 연속적인 과정(continuous process)이다. 기획은 일회적이며 단기적 과정이 아니라 계속적이고 순환적으로 발생하는 과정으로서 모니터링(monitoring)과 환류(feedback)를 중시한다.

③ 기획은 일련의 의사결정(decision making)의 과정이다. 모든 기획 활동들은 의사결정에 적절해야 할 뿐만 아니라 의사결정 과정의 모든 요소들은 기획 과정을 통하여 구체화되어야 한다.

④ 기획은 목표지향적(goal-oriented)이다. 기획은 적절한 수단을 통해서 수립된 목표를 달성하려는 과정이다.

⑤ 기획은 수단을 목적과 연계시킨다. 특정 목표를 달성하기 위한 최적의 수단들이 명확한 기준에 의해서 확인되고 고려되어야 한다.

⑥ 기획은 행동지향적 활동이다. 기획은 행동에 제일차적 목표를 두는 것이며, 결코 순수한 지식의 탐구나 기획담당자의 육성과 같은 다른 목표를 지향하는 것이 아니다.

⑦ 기획은 준비과정이다. 기획은 일단의 결정, 즉 계획을 준비하는 과정이다.

2. 프로그램 기획의 원칙과 제한요인

1) 프로그램 기획의 원칙

프로그램 기획의 원칙은 다음과 같다(유진이 · 윤혜순, 2022).

① **목적성의 원칙** : 프로그램 기획은 조직의 목적을 달성하는 데 기여하여야 한다.

② **능률성의 원칙** : 프로그램 기획은 그 계획을 실현하는 과정에 소요된 경비보다 더 큰 효과를 나타내는 것이어야 한다.

③ **계속성의 원칙** : 프로그램 기획은 조직의 계층에 따라 제1의 계획은 제2의 기획에, 제2의 계획은 제3의 기획에 계속하여 연결되어야 한다.

④ **전제 합의의 원칙** : 프로그램 기획에서의 미래 예측에 대한 전제는 기획에 관여하는 모든 사람이 이해되고 합의할 수 있는 것이어야 한다.

⑤ **융통성의 원칙** : 프로그램 기획은 환경변화에 따라 수정하면서 조직이 최종 목표를 달성할 수 있도록 융통성이 있어야 한다.

2) 프로그램 기획의 제한요인

청소년 프로그램을 기획하는 과정에서는 청소년기관 및 외부에 존재하는 환경적 요인은 물론 기관이 가지고 있는 인적, 물리적, 문화적 성격 등의 요인, 그리고 프로그램 기획과정에서 발생하는 제한요인 등을 고려하여야 한다(유진이 · 윤혜순, 2022). <표 3-2>는 프로그램 기획의 제한요인을 나타낸 것이다.

<표 3-2> 프로그램 기획의 제한요인

구 분	의 미	구체적인 내용
환경적 제한요인	기관 및 조직체의 외부에 존재하는 것	• 청소년활동에 대한 잠재적 참여자의 낮은 가치의식 • 청소년활동 잠재적 제공자들 사이의 네트워크 부족 • 청소년기관 사이의 과도한 경쟁 • 잠재적 참여자들의 부정적인 태도
기관의 제한요인	기관이 가지고 있는 인적, 물리적, 문화적 성격	• 기관의 목적, 철학, 이념, 구조 등 • 청소년활동에 대한 내부의 인식 부족 • 재정자원의 부족 • 청소년활동 수행을 위한 부적절한 시설 • 청소년활동 가치에 대한 협의적인 시각 • 청소년활동을 제공하기 위한 이기적인 동기 • 청소년기관 내의 정치, 사회적 관계
기획과정에서의 제한요인	프로그램 기획과정에서 발생하는 요인	• 프로그램 기획자의 전문성 결여 • 프로그램 개발 시간의 부족 • 프로그램 개발 예산의 부족 • 프로그램 기획 참여자 간의 갈등

출처 : 유진이 · 윤혜순(2022).

3. 청소년 프로그램 기획의 필요성

청소년 프로그램 기획의 필요성은 다음과 같이 정리할 수 있다(한국청소년개발원, 2005; 김윤나 외, 2018; 신동열 외, 2020; 진은설 외, 2023).

첫째, 기획은 책임성을 향상시킨다. 청소년들을 포함하는 청소년 프로그램 이해 당사자들에 대한 책임성을 향상시키기 위해 청소년 프로그램에 대한 기획이 필요하다.

둘째, 기획은 불확실성을 줄일 수 있다. 계획이 없거나 부족하면 청소년지도자는 자신의 행동에 대한 확신을 갖기 어려워 프로그램 운영이 불안정해질 수 있다. 청소년 프로그램이 진행되는 구체적인 과정이 계획안에 포함됨으로써 청소년 프로그램의 장래에 대한 불확실성이 줄어드는 효과를 기대해 볼 수 있다.

셋째, 기획은 의사결정 과정에서의 참여를 증진시킨다. 기획은 의사결정 과정에서 수요자의 요구를 근거로 하여 관련 대상자들의 참여를 증진시켜 그들의 의견을 반영한다. 기획과정에서 잠재 고객의 관심과 참여를 적극적으로 유도해 내는 것이 청소년 프로그램 개발의 성패에 결정적으로 영향을 미칠 수 있다.

넷째, 기획은 합리성을 증진시킨다. 프로그램 목적과 진행 기준 등을 객관적인 자료에 근거하여 합리적으로 수립함으로써 프로그램의 수행과 운영에 만전을 기할 수 있다.

다섯째, 기획은 효율성과 효과성을 증진시킨다. 효율성이란 최소한의 비용과 노력으로 최대의 산출을 얻는 것이고, 효과성은 목표 달성 정도를 의미한다. 기획은 설정된 목표를 가장 효율적으로 달성할 수 있는 대안을 선택하게 함으로써 효율성과 효과성을 증진시켜 준다.

여섯째, 기획은 청소년기관의 운영방향과 일치도를 확인한다. 청소년 프로그램은 기관의 설립 목적 및 운영방향과 일치하여야 한다. 청소년 프로그램이 기관의 설립 목적 및 운영방향과 일치하는지를 기획과정에서 확인·점검할 수 있다.

일곱째, 기획은 참가자 모집과 프로그램 홍보에 효과적이다. 기획과정에 참여한 대상이 바로 홍보하려는 참여 대상과 일치하기 때문에 참가자 모집과 프로그램 홍보에 효과적이다.

여덟째, 기획은 청소년의 특성 및 요구에 부합 여부를 점검한다. 청소년들의 새로운 요구가 있거나 기존 프로그램에서 충족되지 못한 부분이 있으면 기획단계에서 이런 부분들을 확인하여 개발자가 구상하는 프로그램의 밑그림을 그릴 수 있다. 청소년 프로그램은 시의성을 갖추어야 하기 때문에 기획과정을 통해서 청소년들의 특성과 요구에 부합되는지의 여부를 확인할 수 있다.

4. 청소년 프로그램 기획자가 갖추어야 할 능력

프로그램 기획의 과정에서 발생되는 문제를 합리적으로 해결하기 위해서 프로그램 기획자는 다음과 같은 능력을 갖추어야 한다(한국청소년개발원, 2005; 마상욱, 2021).

첫째, 프로그램 기획자는 단순히 서비스보다는 사회적 조건과 결부시켜 프로그램을 기획할 수 있어야 한다. 청소년 프로그램의 기획은 단지 프로그램의 서비스나 서비스 수행에 필요한 인력 등 협의적인 차원에 초점을 두기보다는 사회문제 해결의 효과적인 대안을 마련하기 위하여 청소년 실업, 약물남용 등 폭넓은 사회적 문제에 기초하여 프로그램을 기획할 필요가 있다.

둘째, 프로그램 기획자는 공통의 목적과 측정 가능한 목표를 설정할 수 있어야 한다. 목적은 프로그램 실행자들이 공통적으로 인정할 수 있도록 설정되어야 하고, 목표는 측정 가능하게 진술되어야 하며, 목표와 수단은 상호 연계되어야 한다.

셋째, 프로그램 기획자는 프로그램에 대한 다양한 요구를 파악할 수 있는 능력을 개발해야 한다. 일반적으로 사회통계는 청소년기관이 새로운 프로그램을 기획하게 될 때 요구를 파악하기 위해서 활용하는 대표적인 지표이다. 그러나 모든 요구가 이러한 제한된 과정을 통하여 파악되는 것은 아니기 때문에 기획자는 사회통계 방법 이외의 다양한 방법을 통하여 청소년들의 요구를 파악할 수 있는 능력을 갖추어야 한다.

넷째, 프로그램 기획자는 우선순위 설정 과정에서 분석적 도구를 사용하고, 그러한 과정에 적정하게 참여할 수 있는 능력을 가져야 한다. 우선순위 설정과정은 전체 계획 중의 하나의 메커니즘으로 수행되어야 하며, 다양한 인적 자원들을 참여시켜야 한다.

다섯째, 프로그램 기획자는 프로그램의 상대적인 효율성을 분석할 수 있어야 한다. 일부 기관에서는 프로그램의 최종산출물을 프로그램 수혜자인 청소년 참여자의 수로 규정하기도 하며, 다른 기관에서는 청소년의 행동변화로 정의하기도 한다. 하지만 프로그램 기획자는 기본적으로 프로그램에 소요되는 투입비용 대비 산출결과를 명확히 분석할 수 있는 능력을 갖추고 있어야 한다.

여섯째, 프로그램 기획자는 다양한 대안을 확인하고 합리적인 기준에 의해 프로그램을 선정할 수 있는 능력이 필요하다. 실제로 다양한 대안들 사이에서 선택을 하기 위해서는 대안 선정을 위한 기준을 확인하는 것이 중요하다. 종종 효율성이나 효과성보다 편리성이 중요한 기준이 되기도 한다.

일곱째, 프로그램 기획자는 프로그램의 성과를 측정하는 능력을 개발하는 것이 중요하다. 실제로 프로그램 평가는 두 가지 극단적인 범주에 빠지게 되는 경향이 있다. 하나는 일부 프로그램 관리자의 판단에 의존하는 것이고, 다른 하나는 방법론적으로는 정교하지만 문제가 있어서 프로그램 의사결정에서 자주 활용되지 않는 방법이다. 따라서 프로그램의 평가는 두 가지 극단적인 경향을 적절히 조합하여 최선의 방법을 찾는 것이 필요하다.

그 밖에도 프로그램 기획자는 청소년 관련 기관의 특성 및 현황 분석 능력이 필요하고, 청소년 분야와 관련된 전문지식이 필요하며, 자기 의견만 고집하지 않고 다양한 의견을 수렴하고 협력할 수 있는 프로그램 관련자와의 협동 능력 또한 필요하다.

5. 청소년 프로그램 기획의 단계

프로그램 기획 과정에서 수행되어야 할 주요 단계는 <표 3-3>과 같다.

<표 3-3> 프로그램 기획의 주요 단계

기획의 임무	목 적
1. 경계의 설정	프로그램의 범위와 한계를 확인하는 것
2. 문제의 분석	변화될 수 있는 사회적 조건(실업, 청소년 학대, 비행 등)을 확인하고, 프로그램 전략을 수립하는 것

3. 요구 사정	문제가 집단에 확산된 정도를 측정하고 행동 목표를 확인하는 것
4. 목적과 목표 규정	프로그램의 문제해결로 연계하고 프로그램 결과에 대한 평가 목표를 수립하는 것
5. 우선순위 설정	프로그램의 의사결정에 가치를 부여함으로써 자원의 할당을 할 수 있도록 하는 것
6. 대안의 확인	프로그램의 효율성과 효과성을 높일 수 있는 다양한 대안을 탐색하는 것
7. 대안의 선정	최적의 프로그램 해결방안을 확인하고 자원배분을 수행하는 것
8. 프로그램의 산출물 규정	프로그램의 자원을 결정하고 프로그램의 결과 평가에 대한 목표를 수립하기 위하여 프로그램의 수준을 확인하는 것
9. 자원 결정 및 산출 목표 설정	프로그램 수준을 확인하고 자원을 배분하기 위한 것
10. 실행	프로그램 목표의 실현을 보장하는 기능을 수행하는 것
11. 평가	목표 달성 정도를 결정하고 성공과 실패의 원인을 확인하는 것

출처 : 한국청소년개발원(2005); 마상욱(2021)을 수정·보완함.

▮ 연구과제

1. 기획과 계획의 차이를 설명하고 프로그램 기획의 특성에 대해 설명하기
2. 프로그램 기획의 제한요인에 대해 설명하기
3. 청소년 프로그램 기획의 필요성을 설명하기
4. 청소년 프로그램 기획자가 갖추어야 할 능력에 대해 설명하기

제 4 장 청소년 프로그램의 요구분석

▮ 학습목표

1. 요구의 개념과 유형을 설명할 수 있다.
2. 요구분석의 목적과 유형을 설명할 수 있다.
3. 요구분석의 기법을 설명할 수 있다.
4. 요구분석의 절차를 설명할 수 있다.

1. 요구의 개념과 유형

1) 요구의 개념

요구(needs)란 무엇인가? 요구분석을 이해하기 위해서는 가장 먼저 이 물음에 해답을 구해야 한다. 이를 위해 학자들의 견해와 기존 문헌에 대한 고찰이 필요하다. 먼저, 칸(Kahn, 1969)은 '요구란 사회적 정의이다. 요구는 주어진 한 시점에서 개인이나 집단이 역할을 제대로 수행하고, 사회적 요구에 적절히 대응하며, 사회의 전반적 진행과정에 적절히 참여하고, 적절한 수준의 활동력 및 생신력을 유지하기 위해 필요하여 구하는 것'이라고 정의했다. 즉, 요구는 '인간의 생존과 성장·발전을 위해 필요하여 구하는 것'이라 할 수 있다(양정하 외, 2006).

로스(Roth, 1990)는 요구를 현재의 상태(what is)와 바라는 상태(what should be)

사이에 존재하는 격차(gap) 또는 차이(discrepancy)로 설명하였다. 다시 말하면, 요구란 지금 우리는 어디에 있는가(Where are we now)와 앞으로 우리는 어디에 있을 것인가(Where are we to be)라는 두 가지 상태 사이의 측정 가능한 차이를 의미한다. 결국 요구란 개인이 느끼고 있는 무엇인가의 결핍 상태를 충족시키기 위하여 필요로 하거나 원하는 상태 또는 상황을 말하며, 이는 현재 상태와 바라는 상태 사이에 존재하는 격차 또는 차이로 정의될 수 있다(정무성, 2008). 이를 도식화하면 |그림 4-1|과 같다(한국청소년개발원, 2005).

X (바라는 상태, what should be)	-	A (현재의 상태, what is)	=	N (요구, need)
개인 또는 집단에 있어서 바라고 요구하는 수준		바라는 상태에 비교되는 개인 또는 집단의 현재 수준		둘 사이에 존재하는 격차 또는 차이

|그림 4-1| 요구에 대한 개념화

출처 : 한국청소년개발원(2005).

2) 요구의 유형

요구의 유형은 학자마다 다양하게 분류하고 있는데, 여기에서는 매슬로우의 요구단계 이론, 앨더퍼(Alderfer)의 ERG 이론, 글래서(Glasser)의 5가지 기본요구, 그리고 브래드쇼(Bradshaw)의 사회적 요구를 차례로 살펴본다.

(1) 매슬로우의 요구단계 이론

매슬로우(Maslow)는 인간의 요구를 초기에는 5단계, 후기에는 8단계로 분류하였다(표 4-1). 매슬로우는 인간의 요구를 크게 결핍요구(deficiency needs)와 성장요구(growth needs)로 나누어 계층화하였다. 그에 따르면 결핍요구 내에서는 상층요구로 이동하기 위해서는 반드시 하층요구가 충족되어야 하며, 일단 어느 한 요구가 충족되면 사람들은 그 결핍을 벗어나게 된다. 이러한 결핍요구가 충족된 경우에만 사람들은 성장요구를 추구하게 된다. 결핍요구는 생리적 요구, 안전의 요구, 소속과 사랑의 요구, 그리고 자아존중의 요구로 구성되어 있다. 성장요구는 자아실현의 요구이다. 나중에 매슬로우는 성장요구를 인식적 요구, 심미적 요구, 자아실현의 요구, 초월요구로 다시 구분하였다.

<표 4-1> 매슬로우의 요구 5단계(응용 : 후기 8단계 요구이론)

요구 단계		요구 내용
성장 요구	인식적 요구	• 지식, 이해, 탐험의 요구
	심미적 요구	• 균형, 질서, 아름다움
	자아실현의 요구	• 가장 상위 차원의 요구로서 4가지 요구가 충족된 후 일어남 • 인간의 잠재적인 능력에 대한 실현의 요구
	초월요구	• 타인의 자아실현과 잠재력 발견을 원조
결핍 요구	생리적 요구	• 인간의 가장 기본적이고 필수적인 요구 • 의식주와 관련된 생존의 요구
	안전의 요구	• 신체적으로 안정을 유지하려는 요구 • 외부의 위험으로부터 안전을 보호받으려는 요구
	소속과 사랑의 요구	• 정서적인 만족을 얻고 싶어 하는 요구 • 집단에 소속되어 관계를 맺어 사랑받고 싶어 하는 요구
	자아존중의 요구	• 다른 사람으로부터 인정받고 존중받고 싶어 하는 요구 • 충족되면 자신감이 생기지만 결핍되면 열등감이 생김

출처 : Huitt(1998)를 김기원(2001)에서 재인용.

그런데 매슬로우의 요구단계에서 나타나는 문제는 상위요구로 올라갈수록 요구들은 점차 추상화되고 그것들을 구체화하는 것이 쉽지 않다는 것이다. 낮은 단계의 요구들은 보다 실체적이고, 요구 해결을 위한 구체적인 전략들에 대해서도 쉽사리 일치를 볼 수가 있다. 그러나 추상적인 상위요구 단계들은 그 실체 파악이 어렵고, 따라서 실천전략에 대한 합의 도출에도 어려움이 있다(김영종, 1998).

(2) 앨더퍼의 ERG 이론

앨더퍼(Alderfer, 1972)는 매슬로우의 요구단계 이론을 수정・보완하여 ERG 이론을 제안하였다. 앨더퍼는 질문지법을 활용하여 직장이나 대학 등의 조직생활에 관련된 연구결과를 기반으로 ERG 이론을 제시하였는데, 매슬로우의 5단계의 요구를 3단계로 줄이고 존재요구, 관계요구, 성장요구의 3가지 범주로 나누었다.

① **존재요구**(existence needs) : 존재요구는 인간의 생존을 위하여 필요한 요구로서 존재요구의 충족을 위해서는 물질적 요소, 즉 환경・음식・물・산소 등이 필요하다(서인해・공계순, 2004). 이 요구에는 배고픔, 갈증, 안식처 등과 같은 생리적・물질적 욕망들, 봉급과 육체적 작업조건 등과 같은 물질적 요구가 포함된다. 이러한 형태의 요구는 매슬로우의 생리적 요구, 안전의 요구와 비교할 수 있다(정무성, 2008).

② **관계요구**(relatedness needs) : 관계요구는 인간이 사회적 존재로서 타인과 인간관계를 맺으려는 요구를 말한다. 즉, 이러한 관계요구는 부모와 자식 간의 관계, 남편과 아내 간의 관계, 친구와의 관계, 특정한 동료들 간의 관계 등에서 발견된다(서인해・공계순, 2004). 이러한 요구는 매슬로우의 안전의 요구, 소속과 사랑의 요구, 자아존중의 요구 등이 포함된다.

③ **성장요구**(growth needs) : 성장요구는 자기 자신 또는 자신이 속한 환경에 창의적이거나 생산적 영향을 주고자 하는 요구이다. 앨더퍼는 인간의 성장요구는 문제를 풀어 나가는 능력과 인간으로서 총체성과 풍만성에 대해서 더 큰 감성을 만들어 갈 때 만족될 수 있다고 보았다. 그의 성장요구는 매슬로우의 자아실현의 요구나 초월요구, 심미적・인식적 요구와 매우 유사한 개념이다(서인해・공계순, 2004).

(3) 글래서의 5가지 기본요구

글래서(Glasser)의 기본요구에는 생존의 요구, 사랑과 소속의 요구, 힘의 요구, 자유의 요구, 즐거움의 요구가 있다(곽미정 외, 2018; 신동열 외, 2020).

① **생존의 요구**(survival need) : 생존의 요구는 살고자 하는 요구, 종족 보존과 확산을 하려는 인간의 속성에서 비롯된 요구이다. 이 요구는 척추 바로 위의 구뇌(old brain)에서 생성되는 것으로 소화, 호흡, 혈압 조절 등 인간의 신체구조를 움직이고 유지하도록 한다. 이 기능은 인간이 생존하는 데 없어서는 안 되는 요소이다.

② **사랑과 소속의 요구**(love and belonging need) : 사랑과 소속의 요구는 사랑하고 나누고 협력하고자 하는 인간의 속성에 의한 것이다. 결혼을 하고 싶어 하거나 친구를 사귀거나 가족을 형성하고자 하는 요구 등을 말한다.

③ **힘의 요구**(power need) : 힘의 요구는 경쟁하고, 성취하고, 중요한 존재가 되고 싶어 하는 인간의 속성으로부터 비롯된다. 이러한 힘의 요구는 다른 요구(사랑과 소속의 요구 등)와 직접적인 갈등을 야기하기도 한다. 예를 들면, 사랑해서 결혼을 하지만 부부 사이의 힘의 요구를 서로 통제하다가 부부관계가 파괴되기도 하는 상황 등이다.

④ **자유의 요구**(freedom need) : 자유의 요구는 인간은 각자가 원하는 곳에서 살고 대인관계와 종교활동 등을 포함하여 모든 삶의 영역에서 독특한 방법으로 삶을 영위해 나갈 것을 선택하고 자신의 의사대로 표현하고 싶은 요구이다. 그러나 요구충족을 하는 데 있어 다른 사람의 자유를 침범하지 않도록 타협하고 절충안을 찾는 것이 자유의 요구에서 고려해야 하는 사항이다.

⑤ **즐거움의 요구**(fun need) : 인간은 새로운 것을 배우고 놀이를 통해 즐기려는 속성을 가지고 있다. 글래서는 즐거움의 요구를 기본적이면서도 유전적인 것으로 설명한다. 즉, 즐거움의 요구를 충족시키기 위해 생명의 위험을 감수하면서 자신의 생활방식을 바꾸어 나가는 경우를 들 수 있다. 생명을 걸고 자동차 경주를 하거나 위험한 등산을 하는 것 등 위험을 무릅쓰고 도전하는 사례 등이다.

(4) 브래드쇼의 사회적 요구

사회적 요구란 개개인이 사회에서 충족되기를 바라는 것이 결핍되어 있는 상태라 할 수 있다. 이러한 사회적 요구를 브래드쇼(Bradshaw)는 다음과 같이 네 가지 범주로 유형화하고 있다(Bradshaw, 1977; 김영숙 외, 2002; 정무성, 2008; 황성철, 2009; 김통원, 2009; 양점도 외, 2009).

① **규범적 요구**(normative need) : 규범적 요구는 전문가의 판단에 의해 규정된 요구로서, 사회복지기관, 전문가, 행정가 또는 사회과학자 등이 요구의 상태를 규정하는 것이다. 여기에서 규범이라는 의미는 특정의 기준을 의미한다. 이 규범적 요구는 전문적인 관점에서 일정한 기준을 정하여, 이에 미치지 못한 상황을 말한다. 예를 들어, 어린이의 영양기준, 정부가 정한 절대빈곤 수준이나 최저임금 수준 등이 여기에 속한다. 다른 예로는 '정부가 제시한 노인인구 천 명당 적정 병원 수로 A지역의 보건의료서비스 요구를 파악하였다'라면 이때의 A지역의 보건의료서비스 요구는 규범적 요구에 해당한다.

② **인지적 요구**(혹은 느낀 요구, perceived need) : 인지적 요구는 요구가 있는 당사자가 스스로 인지하여 정하는 요구로서, 잠재적 대상자들이 스스로 인지하는 것을 기준으로 삼는다. 인지적 요구는 대상자가 인식하고 있을 뿐 행동으로 나타내지 않은 요구이다. 인지적 요구는 주로 서비스에 대한 설문조사나 지역사회 서베이에서 응답자들이 필요하다고 응답한 요구를 말하는데, 이용 가능한 서비스의 존재 유무를 개인이 알고 있는지에 대한 여부에 따라 응답이 달라질 수 있고 개인의 상황에 따라 변할 수 있기 때문에 인지적 요구를 '진정한 요구(real need)'로 추정하는 것은 적절하지 않다.

③ **표현적 요구**(expressed need) : 표현적 요구는 요구를 갖는 당사자가 실제로 요구충족의 행위를 하여 나타난 요구이다. 즉, 표현적 요구는 서비스의 수요(demand)에 기초한 요구를 말한다. 따라서 지역주민 요구조사 결과를 반영하여 서비스를 제공하고 있다면 이는 표현적 요구를 충족시키고 있다고

보아야 할 것이다. 또한 이 요구는 의료 및 건강의 요구 파악에 많이 이용되며 주로 대기자 명단(waiting-list)에 의하여 파악하기도 한다. 표현적 요구는 개인이 실제로 서비스를 얻기 위해 얼마나 노력했는지의 여부 또는 요구가 어느 정도 충족되었는가의 여부로 측정한다. 따라서 이를 '진정한 요구(real need)'라고 할 수 있다.

④ **비교적 요구**(혹은 상대적 요구, comparative need) : 비교적 요구는 다른 사람이나 지역과의 비교를 통하여 확인된 요구로서, 집단 간 상대적 수준의 차이를 고려한다. 비교적 요구는 충족되어야 할 기준이나 바람직한 수준의 서비스가 필요하다는 관점에서 파악하는 것이 아니라, 한 지역사회에서 실행되는 서비스 수준과 유사한 지역사회나 지리적 영역에서 실행되는 서비스 수준 간의 차이(격차)에 의해 측정된다. 비교적 요구는 기존에 파악된 사회지표를 통해 파악할 수 있다. 예를 들어, 청소년이 부모에게 친구들이 많이 메고 다니는 가방을 사달라고 하는 것은 비교적 요구이다.

이상으로 네 가지 요구유형을 살펴보았는데, 규범적 요구와 비교적 요구를 규정하는 주체는 전문가 혹은 사회이고, 인지적 요구와 표현적 요구는 특정 요구를 가진 클라이언트이다.

2. 요구분석의 목적과 유형

요구분석이란 현재 상태와 바람직한 상태의 격차를 결정한 후 그것의 원인과 본질을 파악하고 미래에 취해야 할 행동을 위해서 우선순위를 찾는 체계적 접근이라 할 수 있으며 프로그램 기획 단계에서 이루어져야 한다(김창대 외, 2019).

1) 요구분석의 목적

요구분석의 목적은 다음과 같다.

첫째, 프로그램 계획을 수립하는 데 필요한 정보를 습득한다. 예를 들어, 청소년들에게 문화체험활동을 제공하고자 하는 경우 문화체험활동의 목표, 내용 및 방법 등에 대해 체계적으로 조사 분석하는 것이 요구분석의 목적이 될 것이다.

둘째, 조직의 상황이나 시스템이 가지고 있는 문제나 취약점을 발견하고 개선한다. 관련 기관에서 제공하는 프로그램이 청소년들로부터 호응을 얻지 못하는 경우 요구분석을 통해 청소년들이나 프로그램 운영자들로부터 그 이유를 하나씩 확인·점검함으로써 개선점을 찾아낼 수 있을 것이다.

셋째, 프로그램의 평가를 위한 기초 자료를 파악한다.

넷째, 참여자의 목표를 확인하고 목적을 달성하기 위하여 실시한다.

2) 요구분석의 유형

요구분석의 유형은 요구판단의 주체와 근거자료의 성격에 따라 <표 4-2>와 같이 4가지로 유형화될 수 있다.

<표 4-2> 요구분석 유형

주체 / 근거자료	기술적 요구[1](학습자)	규범적 요구[2](전문가/타인)
주관적 자료	기술적-주관적	규범적-주관적
객관적 자료	기술적-객관적	규범적-객관적

1) 기술적 요구는 원하는 것이 무엇인지를 개인이나 집단 스스로 진단하는 학습자 중심의 내부지향적 의사결정 과정을 의미한다.
2) 규범적 요구는 외부의 전문가에 의해 요구가 결정되는 외부지향적 의사결정 과정을 의미한다.

(1) 기술적-주관적 요구분석

기술적-주관적 요구분석은 학습자 스스로 주관적 진술이나 판단을 근거로 자신의 요구를 분석하는 것을 말한다. 대표적인 예가 자기주도학습으로, 학습자(프로그램 수요자) 스스로 자신의 학습 목표, 학습 내용, 학습 시간 등 학습과 관련된 모든 것을 탐색하고 선택하는 것을 의미한다. 일반적으로 학습자가 광범위한 목표나 교육활동을 정하기, 학습 목표를 정하기, 학습자가 실행하고 자원을 규정하기, 이 3단계의 과정을 거쳐 요구를 결정한다(권양이, 2013).

(2) 기술적-객관적 요구분석

기술적-객관적 요구분석은 학습자 스스로에 의해서 요구가 결정되고 이를 객관적인 지표에 의해서 타당화하는 것을 말한다. 즉, 학습자(프로그램 수요자)에 의해 요구가 결정되고 그 요구를 체계적이고 과학적으로 수집하고 분석하는 절차를 포함한다. 따라서 프로그램 수요자와 개발자가 서로 동의하는 일정한 평가 양식을 제시하고, 이에 대한 기준을 통해 요구수준의 적정성을 판단한다. 이때 수요자의 요구 파악과 구체화를 위해 전문가의 도움이 필요하며 수요자와 공동으로 요구분석을 수행하게 되는데, 대표적인 예로는 우울, 스트레스 대처 프로그램이 있다(권양이, 2013).

(3) 규범적-주관적 요구분석

규범적-주관적 요구분석은 학습자가 아닌 전문가에 의해 요구가 판단되고, 요구 판단의 근거는 전문가의 주관이나 느낌이다. 주로 기업교육이나 정부의 각종 연수 프로그램 개발에서 많이 적용된다. 전문가인 프로그램 개발자가 참여집단의 다양한 특성을 고려하여 주관적으로 어떤 학습이 필요한지를 결정하는 분석 방법이다. 그러므로 얼마나 현장감과 균형감을 갖춘 전문가를 확보하느냐가 프로그램 개발의 성패를 좌우하는 요인이다(한국청소년개발원, 2005).

(4) 규범적-객관적 요구분석

규범적-객관적 요구분석은 전문가에 의해 요구가 파악되고, 근거자료는 학습자들에 대한 객관적인 데이터로부터 나온다. 일반적으로 공식적이고 체계적인 프로그램 개발과정에서 수행하는 방법이다. 자격증이나 수료증이 주어지는 프로그램을 제공하고자 할 때 주로 적용되는 방법이다. 예를 들어, 청소년들에게 진로개발 능력 함양 프로그램을 제공하고자 할 때, 청소년지도자는 잠재적 학습자인 청소년들을 대상으로 그들의 진로의식 수준(진로성숙도)을 표준화된 검사 도구를 이용하여 먼저 진단하고, 그 결과를 토대로 부족한 능력이 무엇인지를 확인하면 이것이 학습요구가 되는 것이다(한국청소년개발원, 2005).

3. 요구분석의 기법

요구분석의 기법이란 요구분석을 위한 자료수집 방법을 의미하며, 그 방법은 매우 다양하다. 요구분석을 위해 어떠한 기법을 적용할 것인가는 프로그램 수요자의 특성, 참여 정도, 시간과 비용, 요구되는 데이터의 유형과 수준, 프로그램 개발자의 기법 적용 능력 등을 고려하여 선택해야 한다. 이제까지 프로그램 개발 과정에서 많이 적용되고 있는 대표적인 요구분석 기법을 살펴보면 다음과 같다.

1) 질문지법

질문지법은 우편이나 배포 형식을 통해 이루어지므로 응답자와 비교적 직접적인 접촉 없이 다양한 정보를 얻을 수 있다. 설문지의 질문 형태는 응답 형식에 따라 개방형 질문과 폐쇄형 질문으로 나누어진다. 개방형 질문은 응답자가 선택사항을 배열하지 않고 정해진 여백에 직접 작성하는 방식이고, 폐쇄형 질문은 응답자가 선택사항을 배열하여 선택하는 방식이다. 질문지법을 사용하여 자료를 수집하는 경우 발생하는 장점과 단점은 다음과 같다.

먼저, 장점으로는 ① 시간과 비용이 비교적 적게 든다. ② 익명성이 보장되어 솔직한 응답이 가능하다. ③ 심리적 부담이 적은 상태에서 응답할 수 있다. ④ 자료수집과 분석이 용이하다. ⑤ 응답자를 많이 확보할 수 있다. ⑥ 양적인 데이터를 수집하는 데 용이하다.

반면 단점으로는 ① 불성실한 응답의 경우 결과를 일반화하기 어렵다. ② 응답자가 실제로 작성했는지 알기 어렵다. ③ 모호한 질문 문항들에 대해 보충 설명을 하기 어렵다.

2) 면접법

면접법은 응답자와 직접 대면하거나 전화를 통해 질의응답의 형식으로 이루어진다. 면접법은 질문지법과는 달리 면접원이 조사대상자와 상호작용을 하기 때문에 면접원의 역할은 매우 중요하다.

면접법의 유형 중 초점집단면접(focus group interview)이 있는데, 이는 질적인 자료를 수집할 때 사용하는 방법으로, 6~10명 정도의 비교적 소수의 사람을 통해 직접적인 자료를 수집하는 요구조사 방법이다. 초점집단은 참여자들을 구조화된 토론의 장에 포함시켜 여러 명이 동시에 질의와 응답에 참여할 수 있고, 참가자들의 상호작용이 이루어지므로 집중적인 토론에 매우 유용한 방법이다.

면접법의 장점과 단점은 다음과 같다.

먼저, 장점으로는 ① 복잡한 질문에 대한 설명이 필요할 때 사용한다. ② 높은 응답률이 필요한 상황에서 사용한다. ③ 비언어적인 정보의 수집이 가능하다. ④ 참여자와 공감대를 형성할 수 있다. ⑤ 캐어묻기나 추가질문이 가능하다.

반면 단점으로는 ① 면접자의 주관성이 개입될 수 있다. ② 시간과 비용이 많이 든다. ③ 피면접자의 익명성이 보장되지 않는다.

3) 관찰법

관찰법은 관찰자가 조사대상인 개인, 사회집단 또는 지역사회의 행동이나 사회현상을 현장에서 직접 관찰하여 사실 그대로를 체계적으로 기록함으로써 필요한 정보를 수집하는 방법이다. 관찰법에는 조사대상이 행동하고 말하는 것을 관찰하는 방법과 조사대상이 자신과 타인의 행동에 대해 질문하게 하는 방법이 있다. 관찰법의 장점과 단점은 다음과 같다.

먼저, 장점으로는 ① 행위가 일어나는 현장에서 즉각적인 자료수집이 가능하다. ② 비언어적 상황(행동)에 대한 자료수집이 가능하다. ③ 융통성이 있다.

반면 단점으로는 ① 서베이에 비해 자료의 계량화(수량화)가 어렵다. ② 시간과 비용이 많이 든다. ③ 관찰자의 주관이 개입될 수 있다. ④ 익명성이 결여된다. ⑤ 관찰 대상의 내면적 의식의 파악이 어렵다.

4) 델파이 기법

델파이 기법(Delphi technique)은 1950년대 초에 미국의 랜드연구소(Rand Corporation)에서 개발한 의견조사 방법으로, 특정의 주제나 문제에 대해 전문가 패널의 견해와 의견을 수렴하여 문제를 해결하거나 대안을 제시하는 기법이다. 즉, 델파이 기법은 전문가를 대상으로 익명 처리된 설문조사를 3~4회에 걸쳐 실시하여 합의점을 도출하여 요구분석에 반영한다. 이 기법은 전문가 집단의 판단을 통해 필요한 정보를 체계적으로 추출하여 정리하기 위한 방법이고, 주어진 문제에 대한 전문가들의 직관과 판단을 알아보는 방법이며, 미래에 대한 예측과 정보를 얻는 방법이다.

델파이 기법은 다음과 같은 절차로 진행된다(진은설 외, 2023).

① **전문가 집단 구성** : 분석하고자 하는 내용에 대해 가장 잘 알고 있는 전문가를 30명에서 최고 100명까지 선정하여 패널을 구성한다.

② **1차 질문** : 구성된 패널에게 설문지를 보내 개방형 질문에 응답하도록 하여 자료를 수집한다.

③ **2차 질문** : 1회에서 개방형 설문으로 수집한 응답들을 편집하여 구조화된 폐쇄형 설문지를 만들고, 이를 다시 패널에게 보내 응답하도록 한다. 이때는 문항에 점수를 주거나 중요도를 측정하여 일정 수의 중요 문항을 선택하게 한다.

④ **3차 질문** : 수집된 결과를 항목별로 종합하여 패널 전체의 항목별 빈도, 평균 또는 표준편차 등을 제시하여 다시 패널에게 보내어 중요 문항을 선택하게 한다.

⑤ **4차 질문 피드백** : 3차 질문의 결과를 가지고 델파이 전문가와 면담을 실시한다. 이와 같은 방법으로 전문가들 사이에 어떤 합의점을 찾을 때까지 여러 차례의 설문을 통하여 최종 결과를 얻는다.

델파이 기법의 장점은 다음과 같다(유진이 · 윤혜순, 2022; 양정하 외, 2023).

① 참가자의 익명성으로 인하여 영향력 있는 특정인의 영향을 줄일 수 있고, 다른 사람의 영향을 받지 않음으로써 집단동조를 줄일 수 있다.
② 지역적으로 산재해 있는 여러 사람의 상호작용을 촉진한다.
③ 비용과 효과 면에서 경제적이다.
④ 전문가들의 편리한 시간에 응답할 수 있다.
⑤ 타인으로부터 방해받지 않는 자유로운 독립적 의사결정이 가능하다.
⑥ 폭넓은 분야에 걸쳐 심층적 의견수렴이 가능하다.
⑦ 다양한 집단의 많은 사람들의 의견을 수렴할 수 있다.

반면 델파이 기법의 단점은 다음과 같다(유진이 · 윤혜순, 2022; 양정하 외, 2023).

① 질문지 조사의 결함과 요구사정 진술문이 모호하게 작성될 때 뜻이 흐려지거나 곡해될 가능성이 있다.

② 조사대상자 선정의 대표성을 확보하지 못할 때 편협된 의견수렴이 될 수 있다.
③ 반복되는 통계처리가 필요하다.
④ 연구자가 사전에 결정한 방향으로 패널의 의견이 수정될 수 있다.
⑤ 반복적인 과정을 거치므로 시간이 많이 걸린다.
⑥ 질문지 회수율이 비교적 낮다.

5) 데이컴법

데이컴(DACUM)이란 "Developing A Curriculum"의 줄임말로 교육과정을 개발하는 데 활용되어 온 직무분석의 한 기법이다. 이 방법은 교육이나 훈련을 목적으로 교육목표와 교육내용을 비교적 단시간 내에 추출하는 데 효과적인 방법이다.

데이컴은 몇 가지 가정과 전제를 두고 있다. ① 전문적인 숙련자는 다른 누구보다도 그 직무에 대하여 더 잘 기술할 수 있다. ② 한 가지 직무는 해당 직업에 종사하고 있는 숙련된 사람이 수행하는 직업 명칭들로 충분히 기술될 수 있다. ③ 모든 작업에는 그 작업을 올바르게 수행하는 데 필요한 관계 지식과 태도가 있다.

데이컴은 8~12명의 분석협조자(panel member)로 구성된 데이컴위원회가 쾌적한 장소에 모여서 2박 3일 정도의 집중적인 워크숍으로 데이컴 차트를 완성하는 것으로 작업을 마친다(한국청소년개발원, 2005; 신동열 외, 2020).

도출된 결과는 패널의 동의에 의해 이루어지므로 개인에게서 얻은 정보보다 높은 객관성이 확보될 수 있다. 그러나 개인 또는 소수의 독특한 의견이 무시될 수 있고, 숙달된 촉진자나 분석가 없이는 성공적인 결과를 도출할 수 없다.

6) 지역사회 공개토론회

지역사회 공개토론회(community forum)는 일명 공청회라고도 하는데, 이는 지역사회 주민들은 그들이 살고 있는 지역의 사회적 욕구나 문제 등을 잘 알고 있다는 전제하에 조사자가 지역사회 주민들이 참여할 수 있는 공개적인 모임을 주선하여 이 모임에서 논의되는 지역사회의 욕구나 문제들을 조사하는 방법이다(황인옥, 2022).

지역사회 공개토론회의 장점은 다음과 같다.

① 매우 경제적이다. 즉 시간과 비용이 절감된다.

② 광범위한 주민계층 및 집단의 의견을 수집할 수 있다.

③ 이 모임에서 제시된 의견은 현실적 실행 가능성이 높다.

반면, 지역사회 공개토론회의 단점은 다음과 같다.

① 모든 지역주민이 토론회에 참석하는 것이 아니고 관심 있는 사람들만이 참석하기 때문에 특정 문제에 직·간접적인 이해관계를 가진 이익집단의 영향을 배제할 수 없다. 또한 표본의 편의 현상이 나타나 표본의 대표성이 낮다.

② 모든 지역주민이 동등하게 의견을 제시할 기회를 갖지 못한다. 따라서 참석자 중 일부 소수만이 의견을 발표하여 많은 정보를 놓칠 수 있는 위험이 있다.

7) 주요 정보제공자 조사

주요 정보제공자(key informants) 조사는 지역사회 문제에 대해 직접적으로 잘 알고 있다고 생각되는 사람들로부터 욕구조사에 필요한 의견을 수집하는 방법이다. 주요 정보제공자는 지역사회의 종교지도자, 지역사회의 유지, 인접 직종의 전문직 종사자, 지역사회복지기관 종사자, 지역사회나 관련 분야의 공직자, 자문위원 등이다(황인옥, 2022).

주요 정보제공자 조사의 장점은 다음과 같다.

① 비용이 적게 든다.

② 표본추출이 용이하다.

③ 양적 정보뿐만 아니라 질적 정보도 파악할 수 있다.

④ 지역의 전반적인 문제를 쉽게 파악할 수 있다.

반면 주요 정보제공자 조사의 단점은 다음과 같다.

① 의도적인 선정으로 인하여 정보제공자의 편향성(bias)이 나타날 수 있다.

② 표본의 대표성이 낮다.

③ 정보제공자들이 가지고 있는 정보의 양과 질에 의존하게 된다.

8) 사회지표 분석

사회지표는 2차 자료수집 방법이며 기존 자료를 활용하는 방법으로, 전체 국민이나 지역주민들의 특성이나 조건에 대한 계량적 측정치를 말한다. 사회지표는 정부기관이나 연구기관 등에서 정기적 혹은 비정기적으로 발표하는 것으로, 소득 수준, 빈곤 인구 비율, 실업률, 주택보급률, 범죄율, 공공부조 수혜자 수 등이다(황인옥, 2022).

9) 문헌자료 분석

면접이나 질문지, 관찰 등으로 얻기 어려운 유용한 자료를 기존의 각종 문헌자료 분석을 통해 얻을 수 있다. 문헌자료 분석은 오랜 시간 보존되어 있는 기록을 연구 대상으로 삼기 때문에, 시대적 상황 비교가 가능하며, 시간과 비용 면에서 경제적이고, 대량의 데이터를 범주화할 수 있다는 장점이 있다(권양이, 2013; 신동열 외, 2020). 문헌자료 분석은 2차적 자료수집 방법으로 인간의 모든 형태의 의사소통기록물, 즉 서적, 신문, 잡지, 라디오, 텔레비전, 영화, 편지, 일기, 상담기록서 등 다양한 자료들이 분석의 대상이 된다(황인옥, 2022).

4. 요구분석의 절차

일반적인 요구분석의 절차는 상황분석, 목적 결정, 정보의 출처 확인, 도구 선정, 계획, 실행, 결과분석 및 보고 등 7단계로 진행된다(한국청소년개발원, 2005; 최정임, 2013; 신동열 외, 2020; 유진이 · 윤혜순, 2022; 진은설 외, 2023).

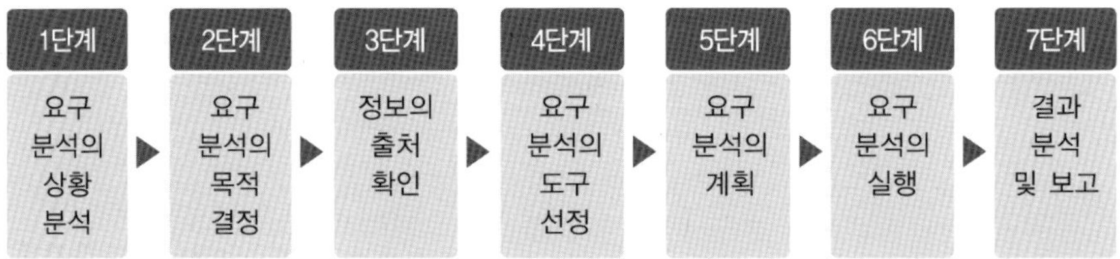

|그림 4-2| 요구분석의 절차

1) 요구분석의 상황분석

요구분석의 첫 번째 단계는 상황분석이다. 상황분석은 요구분석에서 필요한 정보를 분석하는 일이다. 청소년에 대한 요구분석을 하려면 필요한 상황, 즉 수행상의 문제, 습관적이고 자동적인 교육 관행, 새로운 체계와 테크놀로지 도입에 대한 정확한 이해와 수행에 영향을 주는 환경에 대한 이해도 아주 중요한 과정 중 하나이다.

2) 요구분석의 목적 결정

요구분석의 목적 결정은 요구분석을 통해 어떠한 정보를 파악할 것인지 결정하는 단계이다. 불확실한 문제의 본질을 규명하면서 그 문제를 해결하는 가장 적절한 방안을 제안하는 것이다.

3) 정보의 출처 확인

정보의 출처 확인은 누구로부터 필요한 정보를 얻을 것인지의 요구분석 대상자를 선정하는 단계이다. 정해진 시간과 예산을 가지고 대표성을 지닌 정확한 정보를 얻어 내는 것이 요구분석의 핵심이므로 대상자 선정은 그만큼 중요한 일이다.

4) 요구분석의 도구 선정

요구분석의 도구 선정은 어떤 방법으로 자료를 수집할 것인지를 결정하는 단계이다. 요구분석에 사용되는 도구는 앞서 제3절에서 살펴보았지만 매우 다양하다. 서베이법(질문지법, 면접법), 관찰법, 지역사회 공개토론회, 주요 정보제공자 조사, 사회지표 분석, 문헌자료 분석 등이 있다.

5) 요구분석의 계획

요구분석의 계획은 본격적인 요구분석을 실행하기에 앞서 실행계획을 수립하는 단계이다. 요구분석 계획서를 작성하여야 계획이 구체화될 수 있으며, 이때 계획서에 포함되어야 할 내용으로는 문제상황, 요구분석의 목적, 대상자, 요구분석에 사용할 도구, 추진 일정과 세부 절차, 조직 및 세부 역할 분담 등이 있다.

6) 요구분석의 실행

요구분석의 실행은 계획된 일정과 요구분석 단계에 따라 자료를 수집하는 단계이다. 요구분석을 통해 수집되는 자료는 설문조사를 통해 수집되는 양적 자료와 면접, 관찰, 집단회의 등을 통해 수집되는 질적 자료가 있다.

7) 결과분석 및 보고

결과분석 및 보고는 수집된 자료를 정리 및 분석하여 해결방안을 제시하고 우선순위를 제시하여 보고하는 요구분석의 마지막 단계이다. 조사된 내용과 결과는 문서나 프레젠테이션을 통해 기관장 및 관련자들(공무원, 학부모, 지역사회 시민, 청소년 등)에게 보고하게 된다. 보고의 형태와 방법은 기관의 요구와 상황에 따라 결정될 수 있다.

▮ 연구과제

1. 브래드쇼의 사회적 요구에 대해 설명하기
2. 요구판단의 주체와 근거자료의 성격에 따른 4가지 요구분석의 유형에 대해 설명하기
3. 요구분석의 기법 중 질문지법, 면접법, 관찰법을 비교 설명하기
4. 델파이 기법에 대해 설명하기
5. 데이컴법에 대해 설명하기
6. 요구분석의 절차에 대해 설명하기

제 5 장 청소년 프로그램의 목적 및 목표 설정

▮ 학습목표

1. 목적과 목표의 개념을 설명할 수 있다.
2. 목표의 유형을 설명할 수 있다.
3. 목표 진술의 방법을 설명할 수 있다.

1. 목적과 목표의 개념

목적과 목표라는 용어는 서로 혼용하여 사용하는 경우가 많다. 그러나 이들 용어는 분명히 구분된다.

먼저, 목적(goal)은 기관의 사명과 일치되어야 하고, 야심적이고 이상적이어야 한다. 즉, 거시적이며 포괄적이고, 추상적이며 장기적인 방향 의식으로서(최호윤, 2007), 목표보다 먼저 설정된다. 그리고 목적은 포괄적인 서비스의 사명에 대한 의도적인 표현과 프로그램 실천의 이념적 틀이 제시되어야 하며, 관념적 · 철학적 · 이상적 요소가 강하다. 또한 목적은 바라는 결과에 대한 추상적 · 일반적 진술이다(김종태, 2008).

이에 반해, 목표(objective)는 보다 미시적이며 부분적이고, 구체적이며 단기적인 방향 의식으로서, 목적을 보다 구체화한 궁극적인 지향점을 의미한다. 이러한 목표는 다시 구체적인 하위목표들(sub-objectives)로 세분화된다(김영숙 외, 2002). 즉, 특정의 목적과 목표, 그리고 하위목표들은 상하의 위계적 관련성을 갖는다. 따라서 이러한 목적과 목표, 하위목표들은 논리적 일관성이 있어야 한다.

목적과 목표, 하위목표들 간의 위계적 구조를 보면 |그림 5-1|과 같다. 즉, 목적은 목표들로 세분화되고, 이러한 목표들은 하위목표들로 다시 세분화된다. 특정 프로그램 내용을 통하여 하위목표들을 성취함으로써 목표들이 실현되고, 다시 목표들을 성취함으로써 목적이 실현되는 과정을 밟는다. |그림 5-1|에서 보는 바와 같이, 설정순서는 목적→목표→하위목표의 순이지만, 성취되는 순서는 이와 반대의 과정으로 이루어진다(김영숙 외, 2002).

|그림 5-1| 프로그램의 목적, 목표, 하위목표와 내용의 위계적 관계

2. 목표의 유형

1) 주목표와 하위목표

주목표는 보다 포괄적이며 핵심적인 목표이고, 하위목표는 상위목표를 더욱 세분화한 목표를 말한다. 하나의 주목표를 하위목표로 세분화해야 할 경우 보통 2~3개의 하위목표로 나누는 것이 바람직하다. 4개 이상의 하위목표로 분화해야 할 경우 주목표 또는 상위목표를 2개로 나누어 접근하는 것이 바람직하므로 하위목표를 3개 이상 나누는 것은 바람직하지 않다(황성철, 2009).

2) 성과목표와 과정목표

성과목표(outcome objective)는 일련의 프로그램이 수행된 결과 클라이언트 체계의 변화를 나타내는 최종 목표이다. 여기서 성과(outcome)는 프로그램에 참여하는 과정 또는 결과로 참여자에게 주어지는 혜택을 말하는데, 새로운 지식 습득, 태도와 가치변화, 행동상의 변화 등이 성과의 예이다(황성철, 2016). 따라서 성과목표는 클라이언트의 행동이나 태도의 변화를 기술하는 것으로, '향상한다', '감소한다', '강화한다' 등과 같은 행위를 나타내는 동사를 사용한다.

다음은 성과목표의 예를 나타낸 것이다.

성과목표의 예
• 참여 학생의 진로성숙도를 향상시킨다. • 따돌림 피해 중학생들이 또래관계 증진활동을 통해 학교적응력을 향상한다.

이에 반해, 과정목표(process objective)는 프로그램이 수행되는 과정이나 단계별로 설정되는 목표이다. 즉, 과정목표는 무엇으로 또는 어떻게(how) 그 결과에 도달할 것인가에 대한 목표를 진술하는 것이다. 이러한 과정목표는 과정 자체를 매우 중요하게 부각시키거나 강조하고 싶은 경우 설정하는 목표이다.

다음은 과정목표의 예를 나타낸 것이다.

과정목표의 예
• 목표 1 : 다문화가정이 지역사회 봉사활동을 통해 지역 소속감이 향상된다(성과목표). – 1–1 : 지역사회에서 다문화가정 지역봉사단을 모집하고 발대식을 갖는다(과정목표). – 1–2 : 다문화가정 지역봉사단에게 자원봉사 교육을 주 1회, 총 4회 제공한다(과정목표).

- 1−3 : 다문화가정 지역봉사단이 정기적으로 독거노인 및 복지시설 봉사활동에 월 1회, 6개월간 참여한다(과정목표).
- 1−4 : 다문화가정 지역봉사단의 봉사활동 경험을 공유하고 자발적인 지역 참여 모임을 결성한다(과정목표).

출처 : 김상곤 · 최승희 · 안정선(2012).

3) 산출목표

산출목표는 성과(outcome)가 아닌 산출(output)에 초점을 둔 것으로, 사업 시행을 통해 발생하는 산출물을 의미한다. 여기서 산출은 프로그램 활동의 결과로 나타나는 것을 말하는데, 교육시행 횟수, 식사배달의 횟수, 배포된 홍보지의 숫자, 참석한 클라이언트의 인원수 등이 산출물로 표시된다(황성철, 2016).

산출목표의 예를 들면 <표 5−1>과 같다.

<표 5-1> 산출목표의 예

세부 사업명	산출목표	모니터링 방법
의복 공동체	• 새활용 교육 : 의복 공동체 모임 6명, 월 2회/총 14회 실시 • 마을 수선소 : 수거/수선 의류 개수 총 15개 이상 • 정기 모임 : 의복 공동체 모임 6명, 월 2회/총 14회 실시 • 새활용 나눔교육 : 월 1회/총 5회 실시 • 새활용 프리마켓 : 연 2회 실시	• 출석부 • 실시 · 결과보고 • 수선 의류 목록표 • P · G 활동일지
식사 공동체	• 집밥 교육 : 식사 공동체 모임 8명, 월 2회/총 14회 실시 • 집밥 모임 : 식사 공동체 모임 8명, 월 1회/총 8회 실시 • 집밥 나눔 : 지역 내 소외된 이웃 12명 대상, 연 3회 실시 • 텃밭 가꿈 : 월 1회/총 8회 실시	• 출석부 • 실시 · 결과보고 • P · G 활동일지 • 평가회의록

주거 공동체	• 정리 · 수납 교육 : 주거 공동체 모임 10명, 주 1회/총 14회 실시, 정리 · 수납 자격증 취득 50% 이상 • 정기 회의 : 주거 공동체 모임 10명, 월 1회/총 7회 실시, 저장강박세대 7세대 발굴 • 마을 청소 : 주거 공동체 모임 10명, 연 3회 실시 • 정리 · 수납 컨설팅 : 저장강박세대 3가구 대상, 연 3회 실시 • 주민 교육 : 지역주민 50명 대상, 연 1회 실시	• 출석부 • 실시 · 결과보고 • 정리 · 수납 자격증 • P · G 활동일지

출처 : 사회복지공동모금회(2024).

4) 최종목표, 중간목표, 초기목표

목표는 달성 시기에 따라 최종목표, 중간목표, 초기목표로 구분할 수 있다. 최종목표는 프로그램을 통해 궁극적으로 달성하고자 하는 상태이고, 중간목표는 최종목표를 향해 성취해 가는 프로그램의 중간에 부수적으로 달성하고자 하는 상태를 말한다. 그리고 초기목표는 중간목표와 최종목표를 달성하기 위해 반드시 먼저 이룩해야 하는 작은 목표들을 말한다.

이와 같이 목표를 큰 목표와 이 큰 목표를 지지하는 작은 목표들로 구분하고, 시간적 순서에 따라 초기목표→중간목표→최종목표가 단계적으로 달성되어 가는 과정으로 제시할 수 있다. 최종목표를 달성하기 위해서는 단계적으로 부분적 목표를 달성해 나아가야 한다. 각 하위목표를 달성하기 위해서는 구체적으로 특정한 프로그램 활동이 실행되어야만 한다. 그리고 각 하위목표가 달성되자면 반드시 이 목표 달성에 직접적으로 기여하는 하위목표가 먼저 달성되어야 한다. 모든 하위목표들이 상향식으로 달성되고 종합되어 나아가면, 프로그램의 최종목표가 달성되는 것이다(정무성, 2008).

5) 사회복지공동모금회와 삼성복지재단의 목적 · 목표 예시

사회복지공동모금회의 사업 목적 및 목표 예시를 보면, |그림 5-2|에서 보는 바와 같이 산출목표와 성과목표로 구분하고 있다. 여기서 산출목표는 사업시행을 통해 발생하는 산출물로서 성과목표를 달성하기 위해 이끌어 내야 하고 모니터링해야 하는 것을 의미하고, 성과목표는 사업의 결과로 나타나는 효과 또는 변화를 의미한다. 그리고 |그림 5-3|은 삼성복지재단의 신청 프로그램 사업목적, 성과목표, 과정목표의 예시이다. 여기서 목적은 신청 프로그램의 거시적이며 포괄적인 목적을 의미하고, 성과목표는 일련의 프로그램이 수행된 결과 클라이언트 체계의 변화를 나타내는 최종목표이고, 과정목표는 프로그램이 수행되는 과정이나 단계별로 설정되는 목표이다.

5. 목표 및 평가

1) 산출목표

세부 사업명	산출목표	모니터링 방법

• 성과목표를 달성하기 위해 이끌어내야 하고 모니터링해야 하는 산출목표는 무엇입니까?

2) 성과목표 및 평가방법

성과목표	평가도구 및 방법	측정시기

- (성과목표) 성과목표와 관련하여 아래 내용들에 대해 작성해 주시기 바랍니다.
  - 핵심 참여자의 어떤 부분을 어느 수준까지 변화시키는 것입니까?
  - 작성하고자 하는 성과목표가 이후에 기술되는 평가방법을 통해 달성 여부를 알 수 있게 됩니까?
  - (성과라고 강조하고 싶은데) 양적으로 드러내기(수치화하기) 어려운 성과목표가 있다면 무엇입니까?
  - 앞서 기술하신 사업내용과 성과목표를 논리적으로 연결하여 작성해 주십시오.
- (평가도구 및 방법/측정시기) 성과목표 달성 여부와 정도를 어떻게 평가하실 건가요?
  - 성과목표 달성 여부와 정도를 판단하기 위해 어떤 성과지표를 설정하실 건가요?
  - 제시된 성과목표에 대한 평가계획(자료수집 방법, 측정시기 등)은 어떠한가요?
  - 수치화하기 어려운 성과목표가 있다면 어떤 평가방법을 통해 변화의 수준과 의미를 드러내실 건가요?

|그림 5-2| 사회복지공동모금회의 산출목표 및 성과목표 예시

6. 사업목적

7. 사업목표
   총괄 진술

목적

과정목표 1

과정목표 2

과정목표 3

과정목표 4

과정목표 5

과정목표 6

성과목표 1

성과목표 2

성과목표 3

(위의 표에 해당 사항을 기입해 주시고 과정목표와 성과목표 사이에 선을 연결해 주십시오. 해당 칸을 클릭하여 입력하실 수 있고 분량에 맞게 조정하셔도 됩니다.)

|그림 5-3| 삼성복지재단의 신청 프로그램 사업목적, 성과목표, 과정목표 예시

3. 목표 진술의 방법

1) 목표 진술의 원칙과 고려해야 할 사항

목표 진술의 원칙은 다음과 같다(김영숙 외, 2002).

① 목표는 합리성(rationality)이라는 속성을 가진다. 따라서 목표 진술은 논리적인 패턴(logical pattern)이 요구된다.

② 목표는 실천 가능성(practical)이라는 속성을 가진다. 즉, 목표 진술은 미래에 성취될 수 있는 현실성이 반영되어 있어야만 한다.

③ 목표는 다원성(plurality)이라는 속성을 가진다. 즉, 목표 진술은 단순히 하나의 결과보다는 그 이상의 결과를 반영하고 있다는 것이다.

④ 목표는 위계성(hierarchy)이라는 속성을 가진다. 즉, 특정의 목적과 목표는 앞에서 살펴본 바와 같이 상하의 위계적 관련성을 가진다.

⑤ 목표는 차별성(discrimination; 배타성)의 속성을 가진다. 즉, 각각의 목표는 특정 행동만을 기술하고 각 목표들 간에는 중복되지 않기 때문에 배타적이라고 할 수 있다.

⑥ 목표는 시간의 진행에 따라 변화 가능성(changeability)이라는 속성을 가진다. 일단 설정된 목표라고 할지라도 프로그램의 실행과정에서 나타나는 예기치 못한 상황에 직면하게 되면, 필요에 따라 그 목표는 융통성 있게 변화·수정될 수 있다.

목표를 진술할 때 고려해야 할 사항은 다음과 같다.

① 참여자의 요구를 분석하여 프로그램 목표를 설정한다.

② 참여자의 관심사를 파악하여 반영해야 한다.

③ 참여자의 입장에서 진술하여야 한다. 즉, 프로그램 목표를 진술한 문장에서 주어는 참여자이어야 한다.

④ 목표가 다수일 때에는 목표 간의 조화를 유지해야 한다. 목표는 프로그램의 목적과도 조화를 이루어야 한다.

⑤ 프로그램 종료 후 평가할 기준을 진술한다.

2) 목표 진술의 방법

(1) 목표 진술의 3요소(표준모델)

목표 진술의 3가지 요소는 다음과 같다(황성철, 2009; 양정하 외, 2023).

① **누가**(who) : 프로그램의 참여자, 수혜자, 대상자 등으로 표현되는 클라이언트를 지칭하며, 목표는 반드시 클라이언트 입장에서 진술되어야 한다.

② **무엇을**(what) : 클라이언트의 욕구 충족이나 문제해결을 의미하는 변화의 내용과 정도를 말하며, 목표설정에 있어 문제와 관련된 핵심요소이다.

③ **어떻게 한다**(do) : 프로그램을 통해서 성취할 수 있는 바람직한 상태나 결과 등을 의미하며, "~한다, ~된다." 등으로 표현한다.

이와 같이 표준모델은 ① 누가, ② 무엇을, ③ 어떻게 한다의 3요소를 갖추면 성립된다. 그러나 목표진술에 프로그램의 매개체인 수단 또는 도구를 포함시키는 경우가 있기 때문에 도구(how)는 선택적으로 활용될 수 있다.

④ **도구**(how) : 주된 매개체로서 "~을 통해서" 등으로 표현한다.

이상의 네 가지 요소를 바탕으로 바람직한 목표 진술의 예를 제시하면 다음과 같다.

바람직한 목표진술의 예

- 비행청소년들이(누가) 집단활동을 통해(도구) 자아정체감을(무엇을) 확립한다.(어떻게 한다.)
- 따돌림 피해 중학생들이(누가) 또래관계 증진활동을 통해(도구) 학교적응력을(무엇을) 향상한다.(어떻게 한다.)

(2) 하위목표 분화 요령

하위목표를 분화하는 요령을 황성철(2009)은 다음과 같이 네 가지로 설명하고 있다.

① 목표에서 문제나 욕구와 관련된 핵심요소를 2~3개로 나누어 작성

> • 목표 : 비행청소년들이 집단활동을 통해 자아정체감을 확립한다.
> (핵심요소: 자아정체감)
>
> • 하위목표
> 1. 인간관계훈련을 통해 자신의 특성과 현실을 인식한다.
> 2. 자기성장훈련을 통해 긍정적 자아개념을 형성한다.
> 3. 자신의 특성과 장래 희망에 따라 진로계획을 세운다.

위의 목표를 3개의 하위목표로 세분화하였다. 목표진술에서 핵심요소인 자아정체감은 나의 과거 성장배경과 생육사를 이해하고 현실적 상황에 대한 깊은 통찰과 더불어 미래에 대한 소망이 확인될 때 성립될 수 있는 개념이다. 따라서 하위목표를 우선 자신의 특성과 현실을 인식하는 요소와 긍정적 자아개념 확립을 포함하여 장래에 관한 진로계획을 세우는 것 등 세 가지 단계적 요소로 나누어 잘 세분화할 수 있다.

② 성과목표를 중심으로 몇 가지 과정목표 또는 기관이나 활동목표로 나누어 작성

> • 목표 : 재가중증장애인들이 지역사회에서 최소 이동권을 확보하고 생활영역을 확장한다.
>
> • 하위목표
> 1. 지역사회 공공과 민간기관을 연계하여 차량을 확보한다.
> 2. 차량 자원봉사자를 모집하고 상호 비상연락망을 구축·가동한다.
> 3. 재가중증장애인들의 각종 민원업무 및 일상생활 활동을 위해 차량을 지원한다.

새롭게 주어진 목표진술이 우선 목표진술의 표준모델에 적합한지를 분석해 보자.

- '누가'에 해당하는 클라이언트는 "재가중증장애인"으로 분명히 기술되어 있다.
- '무엇을'에 해당하는 문제와 관련된 핵심요소는 "지역사회 최소 이동권과 생활영역"으로 기술되어 있다.
- '어떻게 한다'에 해당하는 술어 부분은 "확보하고, 확장한다"로 분명히 서술되었다.

따라서 상기의 목표진술은 클라이언트 입장에서 변화의 내용과 정도를 비롯하여 행동과 결과를 나타내는 서술도 잘 되어 있기 때문에 목표진술의 표준모델에 아주 적합한 진술의 형태를 보여주고 있다.

하위목표로 선정된 "차량 확보", "자원봉사자 모집과 비상연락망 가동", 그리고 "각종 민원업무 및 일상생활 활동을 위해 차량을 지원한다"는 모두 기관의 입장에서 진술된 상위목표 달성을 위한 과정이며 단계별 세부 목표에 해당한다. 따라서 하위목표 1, 2, 3이 순차적으로 달성된다면 재가중증장애인들이 지역사회에서 이동권을 확보하고 그들의 생활영역은 확장될 수 있을 것이다.

③ 목표달성을 위한 도구 또는 수단을 2~3개로 나누어 하위목표로 작성

- 목표 : 저소득 한부모가정 아동들이 특활활동(도구)을 통해서 잠재력과 능력을 개발한다.
- 하위목표
  1. 저소득 한부모가정 아동들이 성장집단활동을 통해서 자신의 특성과 취미를 발견한다.
  2. 저소득 한부모가정 아동들이 미술, 운동, 독서 등 특성에 알맞은 교육활동을 통해 능력을 발전시킨다.

위의 진술목표도 '누가', '무엇을', '어떻게 한다'의 표준모델에 적합하게 설정되어 있으며 덧붙여 특별활동의 도구를 포함시켰다. 특별활동을 성장집단활동과 구체적 사회교육활동으로 나누어 하위목표로 선정하였다. 논리적으로도 성장집단의 활동으로 자신의 취향과 특성의 발견이 우선시되고 그 후 그에 적합한 특별교육과 활동이 이루어질 수 있다는 점에서도 하위목표 1과 2는 순차적으로 구성되었다.

④ 목표진술 시 사전에 하위목표로 나눌 수 있는 요소를 차후 통합하여 작성

- 목표 : 청소년들이 자신감을 회복하고 취업의 기회를 획득한다.
- 하위목표
  1. 청소년들이 구직동기를 갖고 자신감을 회복한다.
  2. 청소년들이 취업 훈련을 통해 취업의 기회를 얻는다.

위의 목표는 사실상 목표 작성 이전 단계에 미리 "자신감 회복과 취업 기회 획득"이라는 하위목표 2개를 설정한 뒤 이것들을 통합하는 방법으로 만들어졌다. 이러한 하위목표 분화요령은 정말 부득이한 경우에만 사용되어야 한다.

이상의 네 가지 목표를 하위목표로 분화시키는 요령에서 우선적으로 핵심요소를 2~3개로 분화시키는 ①의 방법이 가장 바람직한 방법이다. 때로는 하위목표가 과정적 요소를 지니고 있을 경우 ②의 방법을 사용하는 것도 무방하다. 그러나 ③과 ④의 방법은 될 수 있는 한 사용이 권장되지는 않지만, 하위목표 선정에 너무 많은 시간을 소모한다든지 프로그램 개발자가 받는 스트레스 정도가 너무 극심하다고 느낄 때와 같이 부득이한 경우 사용해도 무방하다.

연구과제

1. 성과목표, 과정목표, 산출목표에 대해 설명하기
2. 사회복지공동모금회와 삼성복지재단의 목적·목표 작성 요령에 맞춰 주제를 정해 성과목표, 과정목표, 산출목표 작성해 보기
3. 목표 진술의 방법(3요소 + 도구)을 설명하고, 하위목표 분화 요령에 맞춰 목표를 하위목표로 분화해 보기

제 6 장 청소년 프로그램의 설계

▮ 학습목표

1. 프로그램 설계의 개념과 유의사항을 설명할 수 있다.
2. 프로그램 내용 선정 및 조직의 원리를 설명할 수 있다.
3. 프로그램 전개 방법 선정 및 조직의 원리를 설명할 수 있다.
4. 프로그램 활동 내용 작성 방법을 설명할 수 있다.

1. 프로그램 설계의 개념과 유의사항

프로그램 설계(program design)는 기획단계에서 확인된 청소년의 요구와 프로그램 개발의 기본방향에 맞게 프로그램의 목적과 목표 설정, 프로그램 내용 선정 및 조직, 프로그램 전개 방법 선정 및 조직, 프로그램 평가계획 수립, 프로그램 예산 편성을 하는 단계이다. 프로그램의 목적과 목표 설정은 제5장에서 이미 살펴보았고, 본 장에서는 프로그램 내용 선정 및 조직의 원리, 프로그램 전개 방법 선정 및 조직의 원리, 그리고 프로그램 활동 내용 작성 방법을 살펴보기로 한다.

프로그램 설계 시 유의해야 할 사항은 다음과 같다(Cross, 1981; 권두승, 2002; 한국청소년개발원, 2005).

① 프로그램을 설계함에 있어서 계획된 프로그램은 프로그램 참가자들의 요구를 만족시켜 줄 수 있는 주요 수단이 됨을 항상 숙지하여야 하며, 프로그램 기획을 바탕으로 한 설계를 원칙으로 한다. 즉, 기관의 현황 분석, 청소년의 특성 분석, 프로그램 개발 기본방향 설정, 프로그램 아이디어 창출, 청소년의 요구분석 등과 같은 기획을 바탕으로 설계가 이루어져야 한다.

② 프로그램의 실시방법을 다양하게 활용하면 할수록 상황변화에 유동적으로 대처하기 위한 방안을 미리 마련해 두는 것이 필요하다. 예컨대, 야외활동 프로그램의 경우, 눈·비 등의 기상 여건의 변화와 교통 사정 등의 문제가 발생할 것을 대비하여 대안을 마련해 두어야 한다.

③ 프로그램을 설계할 때 참가자의 자주성을 존중하는 전개를 위하여 참가자의 의견을 개진할 수 있는 시간대를 편성해 두는 것을 잊지 말아야 한다.

④ 프로그램 설계 시 어느 정도의 긴장감을 조성하는 것도 중요하지만 지나친 긴장을 조성하거나 타이트한 시간대 편성은 좋지 못하다. 따라서 다소간의 여유로운 분위기를 형성하기 위하여 레크리에이션적인 요소도 가미하여 프로그램 지도를 전개할 수 있는 방안을 배려해 두는 것이 필요하다.

⑤ 프로그램은 구체적인 활동을 통하여 이루어지는 것이기 때문에 프로그램 설계 시 무엇 때문에 프로그램 활동을 계획하고 실시해야 하는가 등과 같은 의문으로부터 출발하는 자세가 필요하다. 말하자면 원점으로부터 출발하는 자세를 지니도록 하는 것이 필요하다는 것이다. 그렇게 해야만 프로그램 활동이 생동감이 있으며 목표 달성에 근접할 수 있기 때문이다.

⑥ 비상연락망을 구축하고 안전사고 대책을 준비한다. 무엇보다도 프로그램은 안전하게 실행되고 마무리되어야 하기 때문에 설계 시부터 이에 대한 대책이 마련되어 있어야 한다.

2. 프로그램 내용 선정 및 조직의 원리

프로그램 내용 선정은 목표를 구체화하는 중요한 실행단계로서, 대상 집단의 특성에 맞춰 유형과 분량을 선택하게 된다. 다루고 싶은 내용을 모두 실행하는 데에는 한계가 있기 때문에 우선순위와 핵심요소를 고려하여 선택해야 한다(신동열 외, 2020).

프로그램 내용 조직의 원리는 다음과 같다.

① **타당성의 원리** : 타당성의 원리는 프로그램의 목표를 충실하게 반영하는 내용을 선정하고 조직해야 한다는 의미이다. 이는 프로그램이 왜 실시되어야 하는가를 판단하는 준거가 되기도 한다(한국청소년개발원, 2005).

② **범위의 원리** : 범위의 원리는 학습전이가치(學習轉移價値)가 높은 내용을 우선 선정하고 조직해야 한다는 의미이다. 이는 선정되고 편성되어야 할 내용들이 구체적인 지식의 전수보다는 새로운 지식을 찾아낼 수 있는 탐구능력과 새로운 태도를 형성하는 데 중점을 두어야 한다는 것을 의미한다(한국청소년개발원, 2005).

③ **계속성의 원리** : 계속성의 원리는 연속성의 원리라고도 하며, 프로그램 내용 간, 수준 간의 계속성(연속성)을 유지하고 동일 또는 유사 내용을 반복적으로 조직하는 것을 의미한다(유진이 · 윤혜순, 2022). 이는 이전의 내용과 다음 단계의 내용 사이에 연속성이 보장되는 내용을 선정하고 조직해야 한다는 것이다.

④ **계열성의 원리** : 계열성의 원리는 학습의 점진적인 발달을 촉진하기 위하여 일정한 기준에 따라 범주화하는 것을 의미한다(신동열 외, 2020). 이는 선정된 프로그램 내용의 위계에 따라 조직하는 것, 선정된 프로그램 내용 간에 존재하는 위계성과 상황 관련성에 따라 조직하는 것, 먼저 배워야 할 내용과 뒤에 배우게 될 내용을 이론적 순서와 심리적 인지과정 등에 따라 조직하는 것을 의미하며, 먼저 학습한 내용을 기초로 하여 다음 단계의 내용이

선정되도록 조직해야 한다.

⑤ **통합성의 원리** : 통합성의 원리는 프로그램 내용의 횡적 조직과 관련된 것으로 서로 관련된 지식들이 상호 연결되고 통합되어 작용할 수 있도록 계획하고 운영하는 것을 의미한다(유진이 · 윤혜순, 2022). 즉, 특정 영역의 한 가지 내용이나 경험, 능력들이 다른 영역의 그것들과 상호 관련되도록 내용을 선정하고 조직해야 한다.

3. 프로그램 전개 방법 선정 및 조직의 원리

프로그램 내용이 선정 · 조직된 후에는 이를 실행할 수 있는 방법을 결정해야 한다. 프로그램 전개 방법 선정은 프로그램의 형태나 방법을 결정하는 단계이다. 프로그램 전개 방법을 선정하기 위해서는 프로그램의 목표, 참가자들의 수준, 환경적 요인 등을 충분히 고려해야 한다.

프로그램의 전개 방법을 선정할 때 고려해야 할 원리는 다음과 같다.

① **자기 주도성의 원리** : 자기 주도성이란 참가자 스스로 자신의 필요와 요구를 진단하고, 그것을 성취 가능한 목표로 진술한 뒤 목표 달성에 필요한 자원 및 방법을 선정하여 프로그램 활동을 수행하고 성취한 결과를 스스로 평가하는 방법을 의미한다. 일반적으로 자기 주도적 학습자는 내재적 동기, 긍정적 자아개념, 개방성과 독립성 및 자율성이 강한 특성을 보인다(한국청소년개발원, 2005).

② **상호성의 원리** : 상호성이란 특정 집단이나 학습동아리 등과 같이 학습 공동체를 구성하여 여럿이 상호작용을 하면서 참여하는 것이 효과적임을 의미한다. 따라서 프로그램 참가자들이 상호작용을 할 수 있도록 여러 가지 집단과정을 활용할 필요가 있으며 조력자와 동료들과의 밀접한 연계가 이루어질 수 있도록 조직해야 한다(한국청소년개발원, 2005).

③ **다양성의 원리** : 다양성이란 프로그램 방법을 선정할 때 참가자의 연령, 취미, 학습수준, 사회적 경험 등 이질적인 특성을 반영하고, 다양한 프로그램의 실행방법을 채택하여야 함을 의미한다. 이를 위해 방송, 게임, 유튜브, 줌(ZOOM) 등 다양한 매체를 활용한 방법이 요구된다.

④ **참여성의 원리** : 참여성은 프로그램의 기획에서 평가까지 청소년지도자와 청소년이 함께 참여한다는 의미이다. 청소년들이 프로그램의 전 과정에 함께 참여함으로써 사회의 일원으로서 자신의 의견을 표현하고 리더십을 발휘할 수 있도록 한다. 이러한 과정을 통해 청소년들은 미주적 의사결정과 문제해결력을 기를 수 있다(마상욱, 2021).

4. 프로그램 활동 내용 작성 방법

프로그램은 전문가에 의해 수행되는 활동으로 구체적인 장소나 환경, 시간, 서비스의 양과 질, 수행 방법, 사용될 장비와 도구, 수행인력, 참여인원 등에 대한 구체적인 설명과 고려점이 담겨 있어야 한다.

본 서에서는 사회복지공동모금회의 작성 방법과 예시를 살펴보기로 한다.

1) 세부 사업 내용

세부 사업명	활동 내용(수행 방법)
	(시행 방법, 시행 시기, 참여인원, 횟수 등 포함하여 작성)

- 아래 내용을 모두 포괄하되, 자유롭게 (질문순서에 상관없이) 표현해 주시기 바랍니다.
  - 전체 사업을 몇 개의 세부 사업으로 분류한다면 어떻게 구성될 수 있습니까?
  - 사업을 어떻게 추진할 것인지에 대하여 세부 사업별 시행 방법, 시행 시기 및 횟수, 참여인원, 사업 진행 일정 등 구체적인 정보를 담아서 기술해 주시기 바랍니다.

※ 표는 예시이며, 사업에 맞게 양식 변경 가능

〈사회복지공동모금회 예시〉

※ 세부 사업 내용이 많아 일부만 제시하였음. 구체적인 내용은 부록을 참조하기 바람

<table>
<tr><th rowspan="2">세부
사업명</th><th colspan="3">활동(수행 방법)</th></tr>
<tr><th>내 용</th><th>시행시기</th><th>시행횟수</th></tr>
<tr><td rowspan="5">의복
공동체</td><td>[새활용 교육]
대상 : 의복 공동체 모임 6명
• 수행인력 : ○○연대, ○○업사이클센터, 담당자
– ○○연대 : 수선 교육 진행
– ○○업사이클센터 : 업사이클링 교육 진행
• 수행방법
– 바느질 및 업사이클링 교육 진행(회기당 2시간)
• 진행내용 : 수선에 대한 이해, 자원 선순환/업사이클링 이해하기, 업사이클링 기본과정(천, 옷 등), 업사이클링 심화과정, 14회기 중 실습 4회</td><td>4~10월</td><td>14회기
(월 2회)</td></tr>
<tr><td>[마을수선소]
• 대상 : 수선을 희망하는 지역주민 누구나
• 수행인력 : 의복 공동체 모임 6명
• 수행방법
– 복지관 온·오프라인을 활용한 홍보 진행
– 복지관 1층 P·G실을 활용한 의복 수거 및 수선
• 진행내용
– 수거DAY : 수거기간 안내, 부스 설치 및 의류 수거 진행, 수선가능 여부 확인 및 개별 접수 명단 작성
– 수선DAY : 수거된 의류 수선 진행, 수선 완료 안내</td><td>6~11월</td><td>5회기
(월 1회)</td></tr>
<tr><td>[정기모임]</td><td>–</td><td>–</td></tr>
<tr><td>[새활용 나눔교육]</td><td>–</td><td>–</td></tr>
<tr><td>[새활용 프리마켓]</td><td>–</td><td>–</td></tr>
</table>

<table>
<tr><td rowspan="4">식사
공동체</td><td>[집밥교육]
• 대상 : 식사 공동체 모임 8명
• 수행인력 : 외부강사(13회), 담당자(1회)
• 수행방법
– 요리교육 전 필수 이론교육 진행(1회)
– 집밥 배우기 교육(13회)
(회기당 2시간/국, 찌개, 반찬, 등)
• 진행내용 : 식생활 교육, 위생·영양 교육, 요리수업 및 실습
(기본/심화)
<table>
<tr><th>회기</th><th>세부 내용</th></tr>
<tr><td>1</td><td>식생활 교육, 위생영양교육</td></tr>
<tr><td>2</td><td>선진지 견학(마을 공유부엌 등)</td></tr>
<tr><td>3~8</td><td>요리수업 및 실습(기본)</td></tr>
<tr><td>9~14</td><td>요리수업 및 실습(심화)</td></tr>
</table></td><td>4~11월</td><td>14회기
(월 2회)</td></tr>
<tr><td>[집밥모임]</td><td>–</td><td>–</td></tr>
<tr><td>[텃밭가꿈]</td><td>–</td><td>–</td></tr>
<tr><td>[집밥 나눔]</td><td>–</td><td>–</td></tr>
<tr><td rowspan="5">주거
공동체</td><td>[정리·수납교육]
• 대상 : 주거 공동체 모임 10명
• 수행인력 : 외부강사, 담당자
• 수행방법
– 정리·수납 전문가 양성교육 진행
– 세대 방문을 통한 현장실습 활동 진행
• 진행내용 : 수납의 이해, 주방 정리·수납, 침구·의류 정리·수납, 현장실습Ⅰ, 냉장고 정리·수납, 재활용품 DIY, 거실, 서재, 아이방, 현관, 신발장, 욕실, 베란다, 세대 방문 현장실습Ⅱ, 과제물 발표 및 수료</td><td>4~6월</td><td>14회기
(주 1회)</td></tr>
<tr><td>[정기회의]</td><td>–</td><td>–</td></tr>
<tr><td>[마을청소]</td><td>–</td><td>–</td></tr>
<tr><td>[정리·수납 컨설팅]</td><td>–</td><td>–</td></tr>
<tr><td>[주민교육]</td><td>–</td><td>–</td></tr>
</table>

2) 사업 진행 일정

주요 내용 \ 기간		1월	2월	3월	4월	5월	6월	7월	8월	9월	10월	11월	12월
(세부 사업명)	(활동내용)												

- 세부 사업명과 활동 내용을 작성하고, 사업 추진 일정을 음영으로 표시하여 주시기 바랍니다.

  ※ 표는 예시이며, 사업에 맞게 양식 변경 가능

〈사회복지공동모금회 예시〉

주요 내용 \ 기간		1월	2월	3월	4월	5월	6월	7월	8월	9월	10월	11월	12월
의복 공동체	새활용 교육					전시회관람							
	정기모임												
	마을 수선소												
	새활용 나눔교육												
	프리마켓 참여												
식사 공동체	집밥 교육				선진지견학								
	집밥 모임						집밥캠핑						
	텃밭 가꿈												
	집밥 나눔												

주거 공동체	정리·수납 교육												
	정기회의												
	마을청소							자료집발간					
	정리·수납 컨설팅												
	주민교육												

3) 기관 연계협력 전략

- 위의 사업 집행 전략과 관련하여, 지역사회 내(또는 그 범위를 넘어서) 어떤 기관들과 유기적인 협조관계를 가질 것인지에 대하여 아래 내용을 포함하여 기술해 주시기 바랍니다.
  - 협력기관이 세부 사업에서 어떤 역할을 담당하게 되는지, 그때 신청기관의 역할은 무엇인지, 이러한 협력체계는 어떤 절차를 통해 진행되는지 등

〈사회복지공동모금회 예시〉

협력기관명	세부 사업명	협력 계획	비고
○○마을공동체 만들기지원센터	의복공동체 식사공동체 주거공동체	• 본 기관 - 마을공동체 교육 진행 전문가 요청 - 사업 자문 및 협조 요청 • 협력기관 - 마을공동체 교육 진행 - 사업 자문 및 정보 제공	
○○업사이클센터	의복 공동체 (새활용 교육, 새활용 프리마켓)	• 본 기관 - 프리마켓 행사 및 전시회 참가 요청 • 협력기관 - 프리마켓 행사 및 전시회 초청	
○○연대	의복 공동체 (수선 교육)	• 본 기관 - 수선 교육 진행 전문가 요청 • 협력기관 - 수선 교육 진행	

4) 목표 및 평가

(1) 산출목표

세부 사업명	산출목표	모니터링 방법

- 성과목표를 달성하기 위해 이끌어 내야 하고 모니터링해야 하는 산출목표는 무엇입니까?

〈사회복지공동모금회 예시〉

세부 사업명	산출목표	모니터링 방법
의복 공동체	• 새활용 교육 : 의복 공동체 모임 6명, 월 2회/총 14회 실시 • 마을 수선소 : 수거/수선 의류 개수 총 15개 이상 • 정기 모임 : 의복 공동체 모임 6명, 월 2회/총 14회 실시 • 새활용 나눔교육 : 월 1회/총 5회 실시 • 새활용 프리마켓 : 연 2회 실시	• 출석부 • 실시·결과보고 • 수선 의류 목록표 • P·G 활동일지
식사 공동체	• 집밥 교육 : 식사 공동체 모임 8명, 월 2회/총 14회 실시 • 집밥 모임 : 식사 공동체 모임 8명, 월 1회/총 8회 실시 • 집밥 나눔 : 지역 내 소외된 이웃 12명 대상, 연 3회 실시 • 텃밭 가꿈 : 월 1회/총 8회 실시	• 출석부 • 실시·결과보고 • P·G 활동일지 • 평가회의록
주거 공동체	• 정리·수납 교육 : 주거 공동체 모임 10명, 주 1회/총 14회 실시, 정리·수납 자격증 취득 50% 이상 • 정기 회의 : 주거 공동체 모임 10명, 월 1회/총 7회 실시, 저장강박세대 7세대 발굴 • 마을 청소 : 주거 공동체 모임 10명, 연 3회 실시 • 정리·수납 컨설팅 : 저장강박세대 3가구 대상, 연 3회 실시 • 주민 교육 : 지역주민 50명 대상, 연 1회 실시	• 출석부 • 실시·결과보고 • 정리·수납 자격증 • P·G 활동일지

(2) 성과목표 및 평가 방법

성과목표	평가 도구 및 방법	측정 시기

- (성과목표) 성과목표와 관련하여 아래 내용들에 대해 작성해 주시기 바랍니다.
  - 핵심 참여자의 어떤 부분을 어느 수준까지 변화시키는 것입니까?
  - 작성하고자 하는 성과목표가 이후에 기술되는 평가 방법을 통해 달성 여부를 알 수 있게 됩니까?
  - (성과라고 강조하고 싶은데) 양적으로 드러내기(수치화하기) 어려운 성과목표가 있다면 무엇입니까?
  - 앞서 기술하신 사업내용과 성과목표를 논리적으로 연결하여 작성해 주십시오.
- (평가 도구 및 방법/측정 시기) 성과목표 달성 여부와 정도를 어떻게 평가하실 건가요?
  - 성과목표 달성 여부와 정도를 판단하기 위해 어떤 성과지표를 설정하실 건가요?
  - 제시된 성과목표에 대한 평가계획(자료수집 방법, 측정시기 등)은 어떠한가요?
  - 수치화하기 어려운 성과목표가 있다면 어떤 평가방법을 통해 변화의 수준과 의미를 드러내실 건가요?

〈사회복지공동모금회 예시〉

성과목표	평가 도구 및 방법	측정 시기
의·식·주 공동체 조직 및 역량 강화	• 성과지표 : 사전·사후 마을만들기 참여 점수 8점 이상 향상 • 평가도구 : 마을만들기 참여 척도(60점 만점) • 평가방법 : 참여자 대상 사전·사후 척도검사	사전(3월), 사후(12월)
이웃과의 교류 및 유대감 증진	• 성과지표 : 사전·사후 동네응집력 점수 10점 이상 향상 • 평가도구 : 동네응집력 척도(72점 만점) • 평가방법 : 참여자 대상 사전·사후 척도검사	사전(3월), 사후(12월)
나눔문화 확산 및 공동체 의식 함양	• 성과지표 : 사전·사후 공동체 의식 점수 10점 이상 향상 • 평가도구 : 공동체 의식 척도(80점 만점) • 평가방법 : 참여자 대상 사전·사후 척도검사	사전(3월), 사후(12월)

5) 예산 편성

- 사업에 직접 투입되는 비용을 인건비, 사업비, 관리운영비로 구분하여 작성해 주시기 바랍니다.
  - (인건비) 해당사업을 직접적으로 수행하는 인력에게 투입되는 비용
  - (사업비) 프로그램 수행에 필요한 직접비용
  - (관리운영비) 프로그램의 수행에 필요한 간접비용(사업관리에 필요한 비용)
  - 예산 수립 시 "별첨3. 예산편성기준표"를 참고하여 주시기 바랍니다.
- 세목은 세부 사업별로 구분하고 단위가 큰 경우 세세목으로 구분하여 작성하시기 바랍니다.
- 산출근거는 실제 단가, 수량, 인원수, 건수, 횟수 등을 구체적으로 기록해 주시기 바랍니다.

〈사회복지공동모금회 예시〉

(단위 : 원)

<table>
<tr><th rowspan="2">목</th><th rowspan="2">세목</th><th rowspan="2">세세목</th><th rowspan="2">계</th><th rowspan="2">산출근거</th><th colspan="5">예산조달 계획</th></tr>
<tr><th>신청금액</th><th>비율(%)</th><th>자부담</th><th>비율(%)</th><th>자부담 재원</th></tr>
<tr><td colspan="3">총계</td><td>43,922,000</td><td>-</td><td>26,270,000</td><td>100</td><td>17,652,000</td><td>100</td><td></td></tr>
<tr><td rowspan="4">인건비</td><td rowspan="3">전담 인력</td><td>급여</td><td>21,600,000</td><td>1,800,000원 × 12개월 × 1명</td><td>7,800,000</td><td>29.7</td><td>13,800,000</td><td>78.2</td><td></td></tr>
<tr><td>사회보험</td><td>2,052,000</td><td>171,000월 × 12개월 × 1명</td><td>0</td><td>0.0</td><td>2,052,000</td><td>11.6</td><td>자체 예산</td></tr>
<tr><td>퇴직 적립금</td><td>1,800,000</td><td>150,000× 12개월 × 1명</td><td>0</td><td>0.0</td><td>1,800,000</td><td>10.2</td><td>자체 예산</td></tr>
<tr><td colspan="2">소계</td><td>25,452,000</td><td></td><td>7,800,000</td><td>29.7</td><td>17,652,000</td><td>100</td><td></td></tr>
<tr><td rowspan="2">사업비</td><td rowspan="2">의복 공동체</td><td>새활용 교육</td><td>3,200,000</td><td>• 강사료(3급, 2시간) 200,000×14회 =2,800,000
• 실습재료비 100,000×4회=400,000</td><td>3,200,000</td><td>12.2</td><td></td><td></td><td></td></tr>
<tr><td>마을 수선소</td><td>890,000</td><td>• 재봉틀 구입비300,000×2개 =600,000
• 다리미 구입비 70,000×2개=140,000
• 실, 천등 구입비 30,000×5회 =150,000</td><td>890,000</td><td>3.4</td><td></td><td></td><td></td></tr>
</table>

		정기모임	210,000	• 다과비 2,500×6명×14회 =210,000	210,000	0.8			
		새활용 나눔교육	320,000	• 수선재료비 50,000×4회=200,000 • 다과비 5,000×6명×4회=120,000	320,000	1.2			
		새활용 프리마켓	3,120,000	• 식사비 10,000×6명×2회=120,000 • 프리마켓 부스 운영비 1,500,000 ×2회=3,000,000	3,120,000	11.9			
	식사 공동체	집밥교육	3,900,000	• 강사료(3급, 2시간) 200,000×13회 =2,600,000 • 식재료 구입비 100,000×13회 =1,300,000	3,900,000	14.9			
		집밥모임	720,000	• 식재료 구입비 50,000×7회 ×2모임=700,000 • 여행자보험(캠핑) 20,000×1회 =20,000	720,000	2.7			
		텃밭가꿈	150,000	• 모종 구입비 50,000×2회 =100,000 • 비료 구입비 50,000×1회=50,000	150,000	0.6			
		집밥나눔	400,000	• 식재료 구입비 50,000×3회 ×2모임=300,000 • 참여자 교통비 등 12,500×8명 =100,000	400,000	1.5			
	주거 공동체	정리·수납 교육	3,000,000	• 강사료(3급, 2시간) 200,000 ×14회=2,800,000 • 교재구입비 20,000×10개 =200,000	3,000,000	11.4			
		정기회의	350,000	• 다과비 5,000×10명×7회=350,000	350,000	1.3			
		마을청소	1,550,000	• 팸플릿 제작비 1,500,000×1회 =1,500,000 • 물품 구입비(청소도구 등) 50,000 ×1회=50,000	1,550,000	5.9			
		정리·수납 컨설팅	360,000	• 주거환경개선비 120,000×3가구 =360,000	360,000	1.4			
		주민교육	180,000	• 다과비 3,000×50명=150,000 • 엑스배너 제작비 30,000×1회 =30,000	180,000	0.7			
	소 계		18,350,000	–	18,350,000	69.9			
관리 운영비	관리 운영비	교통비	120,000	10,000 × 12개월 × 1명	120,000	0.4			
	소계		120,000		120,000	0.4			

연구과제

1. 프로그램 설계 시 유의해야 할 사항에 대해 설명하기
2. 프로그램 내용 선정 및 조직의 원리를 설명하기
3. 프로그램 전개 방법 선정 및 조직의 원리를 설명하기
4. 사회복지공동모금회 작성 예시에 맞춰 청소년 프로그램 활동 내용 작성해 보기

제 7 장 청소년 프로그램의 마케팅과 홍보

▮ 학습목표

1. 프로그램 마케팅의 개념을 설명할 수 있다.
2. 청소년 프로그램 마케팅의 절차를 설명할 수 있다.
3. 청소년 프로그램의 홍보를 설명할 수 있다.

1. 프로그램 마케팅의 개념

마케팅의 개념은 주로 경영학에서 많이 다루어져 왔다. 1985년 미국마케팅협회(American Marketing Association)에서는 마케팅의 개념을 개인과 조직의 목표를 만족시키기 위하여 아이디어와 상품 및 서비스의 개념 정립, 가격결정, 촉진 및 유통에 대한 계획을 수립하고 이를 수행하는 과정으로 정의하였다. 이는 소비자 개인의 욕구 및 목표를 만족시킬 수 있는 제품을 개발하고, 이를 구매 및 재구매하도록 함으로써 기업이 설정한 목표(매출액, 시장점유율, 수익률 등)를 달성시킬 수 있어야 함을 강조하는 것이라 할 수 있다(이학식 외, 2006; 진은설 외, 2023).

마케팅의 개념을 프로그램에 적용해 보면, 프로그램 마케팅이란 조직이 개발한 프로그램에 대상자들의 참여를 유도하기 위해 취해지는 여러 가지 조치를 포괄적으로 지칭하는 개념으로, 광고・홍보・진흥・모집보다는 넓은 의미를 갖는다(김진화, 2001; 김영숙 외, 2002).

청소년 기관이나 단체가 자신들의 프로그램을 알리는 것은 생존을 위해서 필수적인 부분이 되었다. 기업에서도 제품을 만들고 알려서 팔아야 그 기업이 생존할 수 있듯이 청소년기관 역시 프로그램을 만들고 알려서 그 가치를 인정받아야 할 것이다(마상욱, 2021). 아무리 좋은 프로그램을 개발했다 하더라도 청소년들에게 제대로 알리지 못한다면, 그래서 청소년들이 그 프로그램이 있는지조차 모른다면, 그 프로그램은 프로그램으로서의 존재가치를 상실하게 될 것이다. 따라서 청소년 프로그램을 개발했다면 청소년과 부모 등 관계자들에게 해당 프로그램을 알리는 것이 중요하다(진은설 외, 2023). 이를 위해 청소년기관은 나름의 효율적인 마케팅 기법을 개발할 필요가 있는 것이다.

2. 청소년 프로그램 마케팅의 절차

청소년 프로그램의 마케팅은 |그림 7-1|에서 보는 바와 같이 비영리 마케팅의 절차에 따라 사명의 성립, 환경분석, 마케팅 목표의 설정, 마케팅 전략의 형성, 실행계획 형성과 실행, 피드백과 통제의 과정을 거치게 된다.

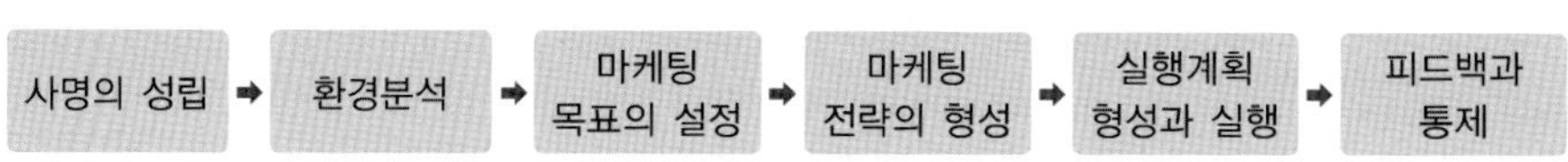

|그림 7-1| 청소년 프로그램 마케팅의 절차

1) 사명의 성립

청소년기관의 사명(mission)은 그 기관의 성격에 따라 다양하며 그 기관만의 고유한 것이어야 한다. 청소년기관은 고유의 이념과 목적을 통해 어떤 가치를 실현함으로써 청소년들의 공익에 이바지하고자 한다.

2) 환경분석

청소년 프로그램 마케팅을 위해서는 환경분석이 필요하다. 환경분석에는 3C분석과 SWOT분석이 포함될 수 있다.

(1) 3C분석

3C분석은 소비자(Consumer)분석, 경쟁자(Competitor)분석, 기관(Company)분석을 통해 마케팅 환경을 분석하는 것이다. 소비자분석은 잠재적 참여자인 청소년들의 욕구, 트렌드, 문화, 최근 이슈 등을 분석하는 것이고, 경쟁자분석은 개발된 프로그램이나 개발하려고 하는 프로그램이 타 기관에서 운영하고 있는 것인지, 유사프로그램이 존재한다면 차이점이나 파급효과를 분석하여 어떻게 차별화시킬 것인지에 대한 고민이 있어야 한다. 그리고 기관분석은 SWOT분석을 통해 프로그램 운영기관을 면밀히 파악하는 것이다.

(2) SWOT분석

SWOT분석은 청소년기관의 강점(Strength), 약점(Weakness), 기회(Opportunity), 위협(Threat) 요인을 분석하는 것으로, 강점과 약점은 청소년기관의 내부환경을 분석하는 것이고, 기회와 위협은 청소년기관의 외부환경을 분석하는 것이다. 이러한 분석을 통해 강점은 강화하고, 약점은 보완하며, 기회는 활용하고, 위협은 억제하는 방안을 도출해 냄으로써 마케팅 전략 수립의 기초를 마련한다. |그림 7-2|는 SWOT분석의 예를 나타낸 것이다.

S	W
- 지역사회에서 오랫동안 프로그램 제공 - 프로그램 개발 전문팀을 통한 끊임없는 프로그램 개발 - 전문인력의 자원봉사활동	- 자금력 부족 - 후원구조의 열악성 - 잦은 이직률로 인한 업무 전문성 결여
O	**T**
- 지역사회 단체와 협력체제 구축 - MOU 등의 형식을 통한 네트워크 구축 - 가족중심의 여가문화 증가	- 청소년인구 감소 - 유사한 프로그램 다수 출현 - 청소년 활동 지원 미비

|그림 7-2| SWOT분석의 예

출처 : 마상욱(2021).

SWOT분석을 통해 강점, 약점, 기회, 위협요인을 찾고 이를 토대로 프로그램의 목표를 달성하려는 마케팅 전략의 특성을 살펴보면 다음과 같다(권일남 외, 2021).

- SO전략(강점-기회전략) : 외부환경의 기회를 활용하기 위해 강점을 사용하는 전략을 수립하는 것
- ST전략(강점-위협전략) : 외부환경의 위협을 회피하기 위해 강점을 사용하는 전략을 수립하는 것
- WO전략(약점-기회전략) : 약점을 극복함으로써 외부환경의 기회를 활용하는 전략을 수립하는 것
- WT전략(약점-위협전략) : 외부환경의 위협을 회피하고 약점을 최소화하는 전략을 수립하는 것

3) 마케팅 목표의 설정

청소년 프로그램의 마케팅 목표는 프로그램의 모집인원을 모집 완료하는 목표와 기관 홍보 등의 다양한 목적을 두고 목표 설정을 할 수 있다. 예를 들어, 청소년 프로그램의 모집인원에 대한 목표를 설정한다고 하면, 50명의 청소년의

모집이 필요한 경우 50명의 청소년을 모집 완료하도록 목표를 설정하는 것이다.

4) 마케팅 전략의 형성

마케팅 전략의 형성은 청소년 프로그램의 목표 달성을 위해 청소년 중 표적집단을 선정하고 전략의 방식을 선택하는 것을 의미한다. 마케팅 전략에는 STP전략과 마케팅 혼합(Marketing Mix)전략이 있다. |그림 7-3|은 마케팅 전략의 진행 과정을 나타낸 것이다.

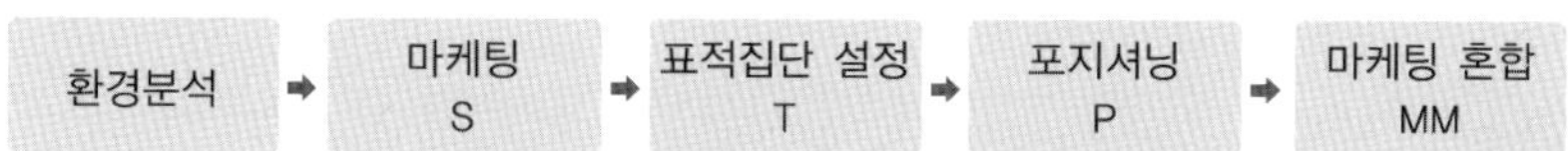

|그림 7-3| 마케팅 전략의 진행 과정

(1) STP전략

STP전략은 집단 세분화(Segmentation), 표적집단 설정(Targeting), 포지셔닝(Positioning)하는 것을 의미한다.

① 집단 세분화(Segmentation)

프로그램의 잠재적 참여자 집단을 세분화하는 것으로, 연령, 성별, 지역, 개인의 특성 등에 의해 소집단으로 분류하는 행위를 말한다. 마케팅에서 세분화란 교육의 개별화 전략과 일맥상통한다. 집단 세분화를 통해 얻을 수 있는 이점은 다음과 같다. 첫째, 기관에 맞는 청소년집단을 선정할 수 있다. 둘째, 프로그램의 참여 대상자가 누구인지 보다 명확하게 파악할 수 있다. 셋째, 청소년집단의 요구와 동향에 효율적으로 대처할 수 있다. 넷째, 청소년들의 참여동기나 태도, 심리적 특성에 따라 청소년집단을 구분할 수 있다. 그리고 집단 세분화는 다음과 같은 요건을 갖출 때 실질적인 효력을 발휘할 수 있다. 첫째, 세분집단의 측정 가능성이다. 세분화된 청소년집단의 프로그램 참여 특성을 파악할 수 있어야 한다. 둘째, 세분집단에 대한 접근 가능성이다. 세분화된 청소년들에게 프로그램을 전달할 수 있어야 한다. 셋째, 세분집단의 실질성이다. 세분된 잠재적 청소년집단의 단위는 독자적인 마케팅 프로그램을 실행할 수 있을 정도로 실질적인 가치가 보장되어야 한다. 넷째, 세분집단의 신뢰성이다. 세분화된 청소년집단은 일정 기간에 걸쳐 일관성 있는 특성을 지녀야 한다(한국청소년개발원, 2005; 마상욱, 2021).

② **표적집단 설정**(Targeting)

집단 세분화된 영역 중에서 실제로 프로그램 참여에 가장 적합한 주된 대상을 설정하는 것을 의미한다. 표적집단을 설정하는 이유는 개발된 프로그램이 안정적이고 효과적으로 운영되도록 하기 위해 핵심대상을 선택하여 선택한 대상에 대한 다양한 홍보 노력을 전략적으로 집중하기 위한 것이다(유진이 · 윤혜순, 2022). 기관의 경쟁 우위 및 적합도 면에서 유리한 참여자 집단, 향후에도 지속적으로 참여할 가능성이 높은 참여자 집단, 프로그램의 목표 및 특성과 참여자의 요구가 가장 잘 어울리는 참여자 집단 등을 중심으로 표적집단을 설정할 수 있다(진은설 외, 2023).

③ **포지셔닝**(Positioning)

표적집단을 만족시켜 주기 위해 다른 청소년기관과 차별화된 위치를 정하는 것을 의미한다. 포지셔닝은 말 그대로 자리매김하는 것으로, 청소년들의 생각 속에 프로그램에 대한 차별화된 또는 특정한 위치를 차지하게 하는 것이다. 마케팅에서 유사한 단어로는 '이미지(image)' 혹은 '브랜드(brand)'가 있다. 청소년들에게 전략적으로 제공된 프로그램의 긍정적 감정을 통해 기관에 대한 차별성을 강조하고, 이를 통해 경쟁 프로그램과 기관에 우위를 선점하는 과정이다(신동열 외, 2020).

(2) 마케팅 혼합전략

마케팅 혼합(Marketing Mix)이란 프로그램 제공자가 특정 마케팅 목표를 달성하기 위하여 이용 가능한 여러 가지 수단들을 조합하는 것을 말한다. 마케팅 혼합의 핵심 4요소(4P)에는 제품(Product), 가격(Price), 유통(Place), 촉진(Promotion)이 있다.

① 제품(Product)

제품은 청소년기관에 의해 산출되는 프로그램이나 서비스로서 상담, 치료, 교육, 재활, 보호, 의뢰, 정보 제공 등을 말한다. 좋은 제품을 만들어 내기 위해 청소년기관은 요구조사를 통해 프로그램이나 서비스를 산출하고, 지속적으로 개선해 나가야 한다(양정하 외, 2023).

② 가격(Price)

가격은 청소년기관에서 제공하는 프로그램이나 서비스를 이용하는 대가로 지불하는 비용으로서, 수강료나 교육비(훈련비, 참가비) 등을 말한다. 청소년기관의 프로그램이나 서비스 가격은 청소년의 요구와 지불능력을 고려하여 결정된다. 가격이 적절하게 결정만 되면 청소년들의 참여를 유도하는 데 매우 효과적이다. 물론 지불능력이 없는 청소년에게는 무료로 프로그램이나 서비스가 제공되기도 한다(양정하 외, 2023).

③ 유통(Place)

유통은 청소년기관이 프로그램이나 서비스를 제공하는 시간과 장소를 의미한다. 청소년들은 프로그램이나 서비스가 제공되는 시간이나 장소에 따라 참여에 많은 차이가 날 수 있다. 따라서 청소년기관은 청소년들이 쉽고 많이 접근할 수 있는 시간과 장소를 결정하는 데 신중할 필요가 있다(양정하 외, 2023).

④ 촉진(Promotion)

촉진은 청소년기관이 프로그램이나 서비스를 청소년들에게 알리기 위한 다양한 홍보기법을 사용하는 것을 말한다. 여기에는 신문, 라디오, TV 등 대중매체를 이용하는 방법, 현수막, 포스터, 게시판, 소식지, 팸플릿, 전단지 등 인쇄 및 홍보물을 이용하는 방법, 그리고 기타 직접적인 전화, 인터넷 홈페이지 소개, 개별면

담에 의한 소개 등이 있다(양정하 외, 2023).

5) 실행계획 형성과 실행

STP전략과 마케팅 혼합(Marketing Mix)전략이 수립되고 나면 이를 구체적으로 실행할 계획을 수립하고 실행해야 한다. 실행단계에서는 다른 조직이나 기관과 경쟁적 관계에 놓인다는 사실도 인식해야 한다.

6) 피드백과 통제

피드백과 통제는 평가라는 단어로 바꿀 수 있는데, 프로그램의 참여를 돕기 위한 최종 단계는 마케팅의 평가이다. 이 단계는 마케팅의 실행 이후에 프로그램의 성공 여부를 평가하기 위하여 설정된 목표를 기준으로 프로그램의 마케팅 결과를 진단한다. 하지만 프로그램 마케팅의 결과를 내기 위해서는 분명한 기준이나 평가 도구, 매출 데이터 등이 요구된다. 이를 위해서는 목표 설정의 과정에서 평가를 위한 방식을 분명하게 정하는 것이 효과적이다(신동열 외, 2020).

3. 청소년 프로그램의 홍보

1) 청소년 프로그램 홍보의 단계

청소년 프로그램 홍보의 기본단계는 |그림 7-4|에서 보는 바와 같이 대상자 규명, 반응 명시, 메시지 개발, 매체 선택, 전달자 선정, 반응 수집 등의 활동이 포함된다(한국청소년개발원, 2005).

대상자 규명 ➡ 반응 명시 ➡ 메시지 개발 ➡ 매체 선택 ➡ 전달자 선정 ➡ 반응 수집

|그림 7-4| 홍보의 기본단계

① **대상자 규명** : 수용자 규명이라고도 하며, 청소년기관 의사소통의 잠재적인 대상자(수용자)를 선정하는 활동으로, 이러한 잠재적 대상자(수용자)에는 기관에 참여하고 있는 청소년집단과 잠재적 청소년집단, 그리고 직원 및 강사, 후원자 등의 유관집단이 있다.

② **반응 명시** : 반응은 기관 및 프로그램에 대한 인식의 변화(프로그램의 질에 대한 호의적인 인상)일 수도 있고, 행동적인 반응(추가 정보의 요청, 입학, 기부 등)일 수도 있다. 기대하는 반응을 결정해야만 기관은 가장 좋은 메시지를 만들 수 있고 그것의 효과를 평가할 수 있다.

③ **메시지 개발** : 이상적인 메시지는 수용자의 주목을 끌고, 관심을 유지시키며, 기대감을 유발시키고, 행동에 이르게 하는 것이다. 메시지를 평가하고 선정할 때에는 바람직함(desirability), 독특성(exclusiveness), 신뢰성(believability) 등의 기준에 의거하여 평가 및 선정을 해야 한다.

④ **매체 선택** : 매체에는 크게 대인적 의사소통과 비대인적 의사소통 두 가지가 있다. 대인적 의사소통은 인격적인 만남을 통한 직접적인 의사소통으로서 가장 설득력 있는 의사소통이다. 대인적 의사소통은 청소년의 프로그램 참여 결정이나 후원자의 기부 결정에 유력한 요인으로 작용한다. 비대인적 의사소통은 직접적인 대인 접촉을 수반하지 않는 모든 종류의 의사소통 채널들로서 신문, 잡지, 라디어, TV, 광고 게시판, 행사, 우편 등을 포함한다.

⑤ **전달자 선정** : 대상자에 대한 의사소통 효과는 대상자가 전달자에 대해 가지고 있는 인식에 의해 좌우된다. 즉, 신뢰성 높은 전달자에 의해 전달된 메시지는 설득력이 높다. 전달자 신뢰성의 세 가지 기초적 요소로는 전문성, 신용, 호감이 있다.

⑥ **반응 수집** : 홍보담당자는 홍보를 사전에 시험해 보아야 하며, 대상자에 대한 메시지의 효과를 연구해야 한다. 홍보담당자는 대상자를 조사하고 그들이 메시지를 인지하고 있는지, 어떻게 인지하고 있는지, 기관에 대한 사전·사후 태도, 그들의 등록의사, 후원의사 등을 물어볼 수 있다.

2) 청소년 프로그램 홍보의 기법

프로그램 홍보의 기법에는 광고, 인쇄물, 전화 및 문자메시지, 우편물, 현수막, 홈페이지, 이메일, SNS, 구두전달 등이 있다(신동열 외, 2020; 마상욱, 2021; 유진이·윤혜순, 2022; 진은설 외, 2023).

(1) 광고(신문 방송 등)

광고는 제작 및 광고비가 지출되어야 하므로 기관의 특별기획 프로그램이나 연중 프로그램 등을 중심으로 홍보하게 된다. 주로 신문, 방송을 활용하게 되는데, 제작 및 광고비가 부담된다면 지역소식지(예 시정 홍보지 등)나 생활정보지 등을 통해 홍보할 수도 있다. 광고의 기능을 설명하는 개념에 소비자 구매의 법칙이라고 할 수 있는 AIDMA 법칙이 사용되는데, 주의(Attention), 관심(Interest), 욕구(Desire), 기억(Memory), 행동(Action)의 약어이다. 광고를 노출하여 청소년들의 주의를 끌고, 청소년이 프로그램에 대해 관심을 갖게 하고, 욕구를 높여, 그 관심과 욕구를 기억하여, 실제적인 프로그램 지원과 참여까지의 행동으로 이끌어 낸다는 개념이다.

(2) 인쇄물

인쇄물에는 포스터, 전단지, 리플릿 등이 있다. 포스트는 1~2종의 프로그램을 홍보하기 위해 만든 것으로 비교적 상세한 설명을 넣을 수 있다. 전단지와 리플릿은 다량으로 제작하는 경우에 사용하며, 기관에 비치해서 이용자들에게 노출시키거나 기관 주변의 인구밀집지역에 신문지 속의 간지로 넣어 배포할 수 있다.

(3) 전화 및 문자메시지

전화는 최대한 간결하고 명확하게 홍보 내용을 전달하되 질문에 대해 답을 할 수 있도록 프로그램 운영 전반에 대해 제대로 숙지하고 있어야 한다. 그러나 전화는 잠재적 참여자의 수가 많을 경우, 일일이 전화를 이용하여 홍보하는 데에는 한계가 있다. 이에 반해, 문자메시지는 동시에 대량의 발송이 가능하여 전화에 비해 시간과 에너지가 절약된다. 문자의 특성상 명확한 내용의 전달과 올바른 맞춤법 사용 등이 요구된다.

(4) 우편물

온라인에 익숙한 청소년들에게는 우편물을 활용하여 홍보하는 경우가 흔치 않다. 다만, 연초에 잠재적 참여자들에게 운영기관의 연간 프로그램 전체에 대한 안내 및 이용을 위해 우편물을 발송하거나 인근 청소년기관과 단체에 대규모 대회나 축제 등의 홍보 요청을 위해 문서와 함께 발송하는 정도이다. 만약 우편물의 홍보 효과를 확인하고 싶다면 발송자 명단과 프로그램 참여신청서 작성자 명단을 비교해 보면 된다.

(5) 현수막

현수막은 비용이 저렴하면서도 홍보 효과를 기대할 수 있어서 프로그램 운영기관에서 주로 사용하고 있는 홍보기법이다. 현수막은 운영기관 건물 외벽이나 주변 또는 운영기관이 있는 지역 곳곳에 부착하게 된다. 외부의 현수막 게시대를 사용할 경우, 해당 게시대의 관리기관에 허락을 받아 부착하여야 하고, 주위에 다른 현수막들이 많기 때문에 나름의 디자인 계획이 있어야 홍보 효과를 기대할 수 있다.

(6) 홈페이지

홈페이지에 프로그램을 안내하는 것은 이메일과 더불어 청소년 프로그램의 홍보를 위해 기본적으로 활용되는 방법이다. 오프라인에서 노출된 광고나 홍보를 통해 관심을 가졌다면 홈페이지에서 정확한 정보를 확인한다. 그러나 일부 기관의 경우 홈페이지가 방치되는 경우가 발생할 수 있는데, 이를 위해 홈페이지를 운영하는 별도의 인력이 구성되어 있는 것이 효과적이다.

(7) 이메일

이메일은 메일주소를 확보하고 있다면 효과적인 정보전달 방식이 될 수 있다. 불특정 다수에게 보내는 이메일은 스팸으로 처리될 가능성이 많고 법적으로도 문제가 생긴다. 따라서 이메일을 이용할 때는 정확한 데이터 관리와 데이터를 수신하겠다는 동의를 받는 것이 필요하다.

(8) SNS

SNS는 사회연결망 서비스(Social Network Service)의 약어이며, 온라인 기반의 상호작용 특성을 지닌 청소년 프로그램 마케팅 방법이다. SNS는 스마트폰이 대중화되면서 더욱 활성화되고 있다. 온라인을 통한 마케팅은 블로그, 트위터, 카페, 페이스북, 유튜브, 트위터, 인스타그램, 틱톡 등이 있다. 향후 SNS는 더 많은 변화를 통해 발전할 것으로 보인다. 이러한 SNS 마케팅은 충분한 이해나 준비 없이 활용을 시작하면 도중에 중단하거나 효과를 반감시키는 결과를 초래할 수 있으므로 소셜 미디어에 대한 지식을 바탕으로 치밀하게 사전 준비를 해야 한다.

(9) 구두전달

가장 정확하고 효과가 높은 방법은 잠재적 참여자와 일대일 만남을 통해 설득하는 개인적·직접적 접촉을 하여 프로그램을 구두로 전달하는 것이다. 구두를 통한 홍보는 잠재적 참여자의 궁금한 점에 대해 답변하거나 추가 설명이 가능하며, 설득하는 과정도 가능하다. 이 방법은 효과성이 매우 높으나, 비용과 시간이 많이 소요되며 많은 인원을 대상으로 하기에는 한계가 있다.

▮ 연구과제

1. SWOT분석에 대해 설명하기
2. 마케팅 혼합의 핵심 4요소(4P)에 대해 설명하기
3. 청소년 프로그램 홍보의 기법을 설명하기

제 8 장 청소년 프로그램의 실행 및 모니터링

▮ 학습목표

1. 청소년 프로그램 실행의 개념과 의미를 설명할 수 있다.
2. 청소년 프로그램 실행계획 수립을 설명할 수 있다.
3. 청소년 프로그램 관리체계 수립을 설명할 수 있다.
4. 청소년 프로그램 실행과정을 설명할 수 있다.
5. 청소년 프로그램 모니터링을 설명할 수 있다.

1. 청소년 프로그램 실행의 개념과 의미

청소년 프로그램 실행이란 청소년들을 대상으로 프로그램의 목적과 목표를 달성하기 위해서 실제로 프로그램을 수행하는 것을 의미한다. 아무리 프로그램이 잘 계획되고 설계되었다고 하더라도 제대로 실행되지 못하면 프로그램의 목적과 목표를 달성할 수 없기 때문에 프로그램의 실행은 프로그램 개발에서 핵심과정이라 할 수 있다.

이러한 프로그램 실행은 넓은 의미로 보느냐, 또는 좁은 의미로 보느냐에 따라 그것이 내포하는 대상 영역에 다소 차이가 생긴다(김영숙 외, 2002 : 209). 먼저, 광의의 개념에서 프로그램 실행의 의미는 계획된 프로그램을 실제적으로 실행하기 위한 운영조직을 편성하는 것에서부터 실제의 프로그램 활동을 실천하고, 그 결과를 기록·정리, 평가활동에 이르기까지의 일련의 과정을 포함한다. 따라서 이 경우에는 구체적인 대상자의 모집을 위한 마케팅(홍보), 선정된 활동내용의 편성 및 실행, 활동결과의 기록 및 정리, 활동실행 후의 평가 및 그 자료의 작성·정리까지를 포함한다.

한편 프로그램 실행의 의미를 협의로 보면, 그것은 해당 프로그램의 활동내용을 매개로 지도자와 참여자들이 일정한 방법으로 상호작용하는 과정, 즉 지도활동이 직접적으로 전개되는 과정을 의미한다. 다시 말하면, 프로그램의 실제적인 전개를 위한 도입과정에서 정리단계에 이르기까지의 과정을 의미한다. 물론, 이 협의의 의미는 광의의 의미에 포함된다. 따라서 본 장에서는 광의의 의미를 '프로그램 개발'로, 협의의 의미를 '프로그램 실행'으로 규정하고자 한다(양정하 외, 2023).

청소년 프로그램 실행의 본질적 의미를 좀 더 구체적으로 살펴보면 다음과 같다(한국청소년개발원, 2005; 유진이·윤혜순, 2022).

첫째, 지도자는 프로그램 실행의 장을 하나의 '공동체'로 형성할 수 있도록 해야 하고, 이를 통해 프로그램의 참여를 촉진할 수 있을 때 그 효과를 극대화할 수 있다(Heimlich & Norland, 1994). 여기서 공동체란 특정 집단 내에서 그 집단구성원 상호 간의 깊이 있는 개인적 친밀감, 사회적 응집성, 그리고 도덕적 책무의식으로 특징짓는 항구적 관계의 형성을 의미한다.

둘째, 프로그램 실행은 청소년활동 과정에서 교수(teaching), 수업(instruction) 등과 유사한 의미를 지니며, 청소년들의 활동을 지도하고(guide), 도와주고(help), 촉진하고(facilitate), 동기를 유발함으로써(motivate) 궁극적으로 청소년의 성장과 발달을 촉진시키는 과정이라 할 수 있다.

셋째, 청소년 프로그램은 지식 습득만을 위한 학습활동을 지양하고, 그 활동이 어떠한 것이든 생활기능상의 여러 영역의 행동양식을 습득하는 데 기여해야 한다. 특히 청소년 프로그램에 있어서는 스포츠활동이나 오락·취미 등과 관련된 요구도 많으며, 실제적으로도 이 분야에 가장 많은 청소년들이 참여하는 것으로 나타나고 있다.

넷째, 청소년 프로그램 활동의 지도는 단일 방법만으로는 그 목적을 달성할 수 없고, 다양한 방법이 어우러질 때 효과를 거둘 수 있다. 따라서 청소년들이 의미 있고 효율적인 활동에 보다 많은 관심을 기울일 수 있도록 하기 위하여 이와 관련된 조건들을 프로그램에 적극적으로 반영할 필요가 있다.

다섯째, 청소년 프로그램 활동은 지도하는 일과 배우는 일의 공존(함께하는) 과정으로 이해되어야 한다. 지도하는 일과 배우는 일은 분리해서 생각할 수 없고, 지도하고 배우는 과정 속에서 서로 공감하고 상호작용함으로써 프로그램 실행의 의미를 발견할 수 있다.

여섯째, 전문 지도자 중심의 프로그램 실행보다는 청소년의 자기주도적 참여 방식이 더 중요하다. 즉, 청소년의 자기주도적이고 능동적인 참여를 통해 청소년은 프로그램 실행의 의미와 의의를 명확하게 파악할 필요가 있다.

2. 청소년 프로그램 실행계획 수립

프로그램 실행과정에서 가장 중요한 것은 프로그램 실행에 대한 적절한 계획을 수립하는 것이다. 이러한 계획을 수립할 때 필수적인 제반 요소들이 포함되었는지 여부를 확인하는 작업이 중요시된다. 여기에는 경영학에서 흔히 활용하는 기법인 서비스의 질(quality), 비용(cost), 전달(delivery), 안전(safety), 방법(method)에 대한 점검기법과 4M(Man, Machine, Material, Method)에 대한 점검기법 및 5W1H 체크리스트 기법 등이 있다. 청소년 프로그램의 관리기법으로는 이 중 5W1H 체크리스트 기법이 가장 많이 활용된다.

5W1H 체크리스트 기법은 '누가 · 언제 · 어디서 · 무엇을 · 왜 · 어떻게'의 여섯 관점에서 프로그램의 실행과정을 체크하여 문제점이나 미비점을 발견 또는 예방하기 위한 기법이다. <표 8-1>은 5W1H가 활용되는 구체적 요소와 질문을 잘 보여준다.

<표 8-1> 실행계획 수립과 실행과정별 문제 확인을 위한 5W1H 체크리스트

5W1H	실행계획 수립의 주요 요소	실행과정에서의 문제 확인 요소
1. Who (누가)	• 누가 프로그램을 실행하는가 1) 프로그램의 주최자와 주관자는 누구인가 2) 프로그램 실행을 준비하는 사람은 누구인가 3) 프로그램 담당자, 외부전문가, 자원봉사자는 누구인가	• 실행주체와 관련된 문제 1) 현재 실행하는 사람은 누구인가 2) 그 밖에 실행할 수 있는 사람은 누구인가 3) 반드시 실행에 참여해야 할 사람은 누구인가 4) 무리하게 무관하게 일관성 없이 참여하는 사람은 없는가
2. When (언제)	• 언제 프로그램을 실행하는가 1) 프로그램 실행의 예정 일시 2) 프로그램 실행의 기간	• 실행시기와 기간과 관련된 문제 1) 언제 실행하는 것이 바람직한가 2) 정해진 시기와 기간 외에 할 수는 없는가 3) 실행시기가 무리하게 정해지지 않았는가
3. Where (어디서)	• 어디서 프로그램을 실행하는가 1) 가장 적합한 장소 2) 차선으로 간주되는 장소	• 실행장소 및 주변 여건과 관련된 문제 1) 여기서 실행하는 것이 좋은가 2) 그 밖에 다른 장소는 없는가 3) 실행장소가 무리하게 정해지지 않았는가
4. What (무엇을)	• 무슨 프로그램을 실행하는가 1) 프로그램 형태와 제목 2) 프로그램의 핵심 요소	• 실행활동과 관련된 문제 1) 무슨 어떤 활동이 실행되고 있는가 2) 다른 활동으로 필요한 것은 없는가 3) 무관하게 이루어지는 활동은 없는가
5. Why (왜)	• 왜 어떤 목적으로 이 프로그램을 시행하는가 1) 프로그램의 목적은 무엇인가 2) 프로그램의 주제는 무엇인가 3) 프로그램에서 강조점은 무엇인가	• 실행목적 달성과 관련된 문제 1) 왜 그 사람이 그 활동을 하는가 2) 왜 그 시간과 장소에서 하는가 3) 왜 그 방법으로 활동을 하는가 4) 목적 달성에서 무리, 무관성, 무일관성은 없는가
6. How (어떻게)	• 어떻게 프로그램이 실행되는가 1) 프로그램의 구조와 절차 2) 예산과 인력의 준비 3) 홍보와 프로그램 수단	• 실행방법과 관련된 문제 1) 어떤 방법으로 실행되고 있는가 2) 다른 방법은 없는가 3) 방법상의 일관성은 유지되는가

출처 : 황성철(2009).

3. 청소년 프로그램 관리체계 수립

프로그램을 정확하게 실행하기 위해서는 진행과정에 대한 관리도 효율적으로 이루어져야 한다. 목표 달성을 위해서는 시간계획은 필수이다. 진척 상황의 검토와 보고 및 프로그램의 완성을 위하여 구체적인 시간이 계획되어야 한다. 시간표를 계획하는 것은 청사진을 제시함에 있어 활동성 있고 능률적인 계획을 수행하는 데 유용하다(정무성, 2009; 한국복지행정학회, 2010).

청소년 프로그램의 관리를 위해 대표적으로 사용되고 있는 방법은 프로그램 평가검토기법(PERT), 갠트 도표(Gantt Chart) 월별활동 카드(Shed-U Graph) 등이 있다. 각각의 기법은 장단점이 있으므로 현실에서는 둘 이상의 기법을 상호 보완적으로 함께 사용하는 것이 좋다.

1) 프로그램평가검토기법(PERT)

프로그램평가검토기법(PERT : Program Evaluation and Review Technique)은 1950년대 미해군의 핵잠수함 건조과정에서 고안된 것으로, 이는 같은 시기의 미국의 한 건설회사에서 개발된 주요경로방법(CPM : Critical Path Method)과 유사하다. 이 두 기법은 사업계획의 조직적인 추진을 위하여 인적·물적 자원의 제약 아래 최소한의 비용으로 최단기간 내에 사업을 완성하는 계획을 실천하는 데 사용되는 네트워크 분석기법이다. 이는 특정 사업의 계획·조직화·통제라는 세 가지 중요한 기능을 수행한다(성규탁, 1998; 정무성, 2008).

PERT는 활동들 간의 상호관계를 파악하기 위해 활동내역을 묘사하는 원과 활동들을 서로 연결하는 화살표를 이용하여 일련의 활동망의 형태로 나타냄으로써 프로그램을 구성하는 활동들 간의 상호관계와 연계성을 명확하게 보여준다. 이때 화살표 옆에 기대시간을 표시할 수 있다. 기대시간(te : time of expectation)에 대한 공식은 다음과 같다.

$$te=(O+4M+P)/6$$

O : 낙관적 완료시간, 이상적인 상황에서 가장 짧게 걸릴 수 있는 시간
P : 비관적 완료시간, 최악의 사태가 벌어졌을 때 가장 많이 걸릴 시간
M : 통상적 기대시간, 일반적으로 걸릴 수 있는 비슷한 시간

PERT는 임계경로와 여유시간에 대한 정보를 파악할 수 있다. 임계경로(혹은 주요경로, critical path)란 활동망 중에서 가장 긴 시간이 걸리는 전체 경로를 의미하고, 이 경로는 프로그램 기획자가 최종 활동에 도달하는 데 소요될 것으로 생각되는 꼭 필요한 시간이 된다. PERT는 프로그램 진행 일정을 관리하는 목적으로 많이 활용된다. |그림 8-1|에서 프로그램 세부 내용 및 예산 조정→개별 사이버 상담→청소년 성 바로잡기 교육 프로그램 실시 → 설문도구, 평가도구 측정→평가회→보고서 발간까지의 경로가 주요 경로이다(김학주, 2008).

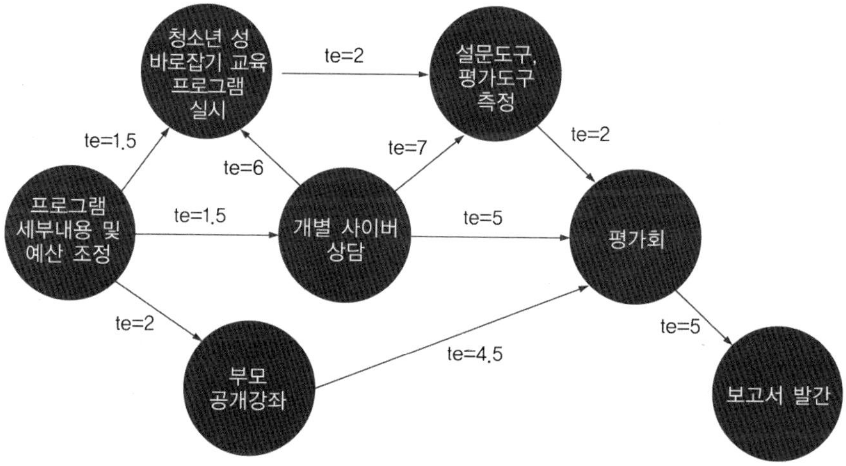

|그림 8-1| PERT 적용사례

PERT의 작성방법은 다음과 같다.

- 1단계 : 프로그램의 최종목표를 설정한다.
- 2단계 : 최종목표를 위한 모든 활동내용을 파악한다.
- 3단계 : 각 활동의 순서를 결정하여 도식화한다.
- 4단계 : 각 활동에 소요되는 시간을 측정하여 도식화한다.
- 5단계 : 예측에 대해 평가하여 최종 결정한다.

PERT의 특징은 다음과 같다.

① 주요 세부 목표 또는 활동의 상호관계와 시간계획을 연결시켜 나타낸 것이다.
② 목표 달성의 기한을 정해 놓고 진행한다.
③ 과업별 소요시간을 계산하여 추정한다.
④ 임계통로에 대한 정확한 정보파악에 유용하다.
⑤ 최종목표를 달성하는 데 있어 필요한 최단기간을 제시할 수 있는 기법이다.
⑥ 최초로 시도되는 프로그램 관리에는 유용하다.
⑦ 이 기법은 각 과업의 소요시간을 추정하여 화살표로 연결하여 나타내기 때문에 갠트 도표(Gantt Chart)에 비해 활동 간의 상관관계를 파악하는 데 유용하다.

2) 갠트 도표

갠트 도표(Gantt Chart)는 막대그래프를 이용해서 막대그래프 차트로도 불린다. 이는 1919년 미국의 갠트(Gantt)가 창안한 것으로 사업계획을 완성하기 위해 프로그램의 시작부터 끝까지 일정 기간 동안 행해질 각 활동들의 진행일정을 막대도표를 이용하여 나타내는 기법이다. 세로축(bar)에는 세부 목표와 활동계획을 기입하고 가로축에는 시간을 기입하여 사업의 소요시간을 막대로 나타내는 도표이다(김학주, 2008).

한 프로그램을 완성하기 위해 일정 기간 동안 행해질 의도적인 활동들을 일목요연하게 정리한 것이며, 다음과 같은 내용들이 포함된다(성규탁, 1998; 정무성, 2008).

① 한 프로그램 혹은 프로젝트를 구성하는 각 개별 활동을 규정
② 각 활동을 끝내는 데 필요한 시간의 결정
③ 도표 위에 그 활동의 진행일정표 제시

갠트 도표는 도표를 만들기 쉽고 개별 활동에 관한 이해가 쉬운 반면, 개별 활동 간 상호 관련성 표시가 불가능하여 상호관계를 알 수 없다(작업 간의 연결성에 대해 파악이 어렵다)는 단점이 있다(김학주, 2008 : 83). <표 8-2>는 갠트 도표 적용사례를 나타낸 것이다.

<표 8-2> 갠트 도표 적용사례

주요 내용 \ 기간		1월	2월	3월	4월	5월	6월	7월	8월	9월	10월	11월	12월
의복 공동체	새활용 교육					전시회관람							
	정기모임												
	마을 수선소												
	새활용 나눔교육												
	프리마켓 참여												
식사 공동체	집밥 교육				선진지견학								
	집밥 모임						집밥캠핑						
	텃밭 가꿈												
	집밥 나눔												

주거 공동체	정리・수납 교육												
	정기회의												
	마을청소							자료집 발간					
	정리・수납 컨설팅												
	주민교육												

출처 : 사회복지공동모금회(2024).

3) 월별활동 카드

월별활동 카드(Shed-U Graph)는 월별 활동내용을 파악하는 주된 기법으로, 미국 Remington-Rand사에서 고안해 낸 것으로 특정 활동이나 업무를 조그마한 카드에 기입하여 모니터링하는 방법이다. 카드의 위쪽에는 해당 월이 기록되고 그 아래에 업무를 적은 작은 카드들이 꽂힌다. 업무시간에 따라 변경하여 이동시키는 데 편리한 장점이 있는 반면, 과업과 행사 간에 상관관계를 쉽게 파악할 수 없다는 단점이 있다(김학주, 2008). <표 8-3>은 월별활동 카드 적용사례를 나타낸 것이다.

<표 8-3> 월별활동 카드 적용사례

나눔문화공동체 문화 확산을 위한 의・식・주 UP! 프로젝트				
1~3월	4~7월	8월	9~11월	12월
사업 세부 계획 수립	새활용 교육 정기모임 집밥교육 집밥모임 텃밭 가꿈 정리・수납교육 정기회의	텃밭 가꿈 주민교육	새활용 교육 정기모임 마을수선소 집밥교육 집밥모임 텃밭 가꿈 집밥나눔 정기회의 마을청소 정리・수납 컨설팅	새활용 나눔교육

4. 청소년 프로그램 실행과정

프로그램 실행과정은 프로그램의 목적과 목표가 직접 실현되게 하는 결정적인 단계이다. 프로그램 실행과정을 다시 세분하면 준비단계→실시단계→정리단계로 나눌 수 있다.

1) 준비단계

프로그램 실행이 계획한 바대로 체계적이고도 원만하게 진행되느냐의 여부는 이 준비단계에서의 점검 및 확인이 제대로 되어 있느냐에 달려 있다.

먼저, 프로그램 지도를 위한 준비단계에서 중시되어야 할 사항은 당일 프로그램 지도활동을 전개해 나갈 지도안의 편성과 그에 대한 확인 작업이 이루어져야 한다. 프로그램 지도안은 내용 수준 및 양, 학습 시간의 길이 등에 의하여 다소간의 차이가 있지만, 대체적으로 도입, 전개, 심화, 정리(종결)부문으로 구분하여 작성한다(표 8-4 참조). 프로그램 지도안은 단위 프로그램의 진행방법을 구체화한 것으로, 프로그램 내용을 체계적으로 지도할 수 있도록 설계하고, 목표, 내용, 방법, 평가, 예산 등을 포함한다. 지도안 작성 시 유의해야 할 사항은 다음과 같다.

① 프로그램을 매개로 지도자와 참가자가 교류함을 유념해야 한다.

② 참가자의 의견을 개진할 수 있는 시간대를 편성해 두어야 한다.

③ 다소 여유로운 분위기를 형성하기 위하여 레크리에이션적인 요소도 가미하여 프로그램 지도를 전개할 수 있도록 한다.

④ 상황변화에 유동적으로 대처하기 위한 방안을 미리 마련해 둔다. 예컨대, 야외활동의 경우, 눈·비 등의 기상 여건의 변화와 교통 사정 등의 문제가 발생할 것을 대비하여 대안을 마련해 두어야 한다.

<표 8-4> 프로그램 지도안 작성 양식(예시)

일시		장소	
활동명			
목표			
준비물			
예산			
활동	시간	진행과정	기대효과
도입			
전개 및 심화			
정리(종결)			
비고	특기사항 작성		

다음으로, 준비단계에서는 <표 8-5>에서 보는 바와 같이 준비 일정표를 작성해서 체계적인 준비를 해 나가는 것이 효과적이다. 체계적인 점검 및 확인을 위하여 사전 체크리스트(checklist)를 작성하고 그에 의거하여 구체적인 항목을 점검·확인하도록 한다.

<표 8-5> 프로그램 지도 실시를 위한 준비 사항

구분	점검·정비	행정·확인	비 고
중점 처리 사항	1. 인적 체제의 정비 • 운영자의 확인 • 지도자·강사 의뢰 및 연락 2. 역할분담 • 지도자의 역할 • 운영자의 역할 3. 조건의 정비 • 장소 확보·점검 • 프로그램 자료의 내용 • 재정확보 상태	1. 홍보 실시를 통한 참여자 모집 2. 참가의 준비 • 참가자 명부 및 명찰 • 프로그램 형태·방법 • 프로그램 자료 작성 3. 조건의 확정·확인 • 전개안 편성 • 프로그램 환경 확보 및 확인 • 사전 체크리스트 확인	사전 점검 확인 철저

출처 : 한국청소년개발원(2005).

이 체크리스트의 구체적인 내용 구성으로 <표 8-6>과 같은 것을 제시할 수 있다. 이 체크리스트를 점검하는 것은 프로그램을 실시하기 전에 최종 확인을 위한 것이다. 이를 통한 점검 결과, 착오가 있을 시에는 신속하게 보완할 수 있어야 한다. 또한 만일의 경우 기상조건의 변화, 참여자와 지도자의 사정 등과 같은 상황의 변화에 긴밀하게 대처할 수 있도록 대비책도 마련해야 한다(한국청소년개발원, 2005).

<표 8-6> 준비단계에서의 체크리스트 구성내용

1. 장소는 잘 준비되어 있는가	• 장소는 지정된 날에 사용할 수 있는가 • 강의실의 크기, 밝기, 환기, 온도는 적절한가 • 책상 및 의자의 수는 적당한가 • 명찰 및 장소의 표시는 되어 있는가 • 안전대책을 점검하였는가
2. 필요한 교구 준비는 잘 되어 있는가	• 칠판 준비(청결 상태, 분필 준비 등)는 잘 되어있는가 • 괘도 등은 준비되어 있는가 • 필요한 기자재는 준비되어 있는가 – 영화, VTR, OHP 등의 사용 시 필요한 자료는 있는가 – 필름 및 테이프는 조정되어 있는가 – 마이크의 여부 및 점검은 되어 있는가 – 설명 및 소개, 그리고 종료 후의 모임계획은 생각하고 있는가
3. 필요한 자료를 준비하였는가	• 참석자 수만큼의 자료는 준비되었는가 • 참석자들을 위한 종이, 필기구 등은 준비되었는가
4. 장소의 배치는 적절한가	• 책상・의자・칠판・스크린・마이크 등의 위치는 적절한가 • 지도자・자문가・기록자, 그리고 배석자의 위치는 적절한가
5. 기록 준비는 되어 있는가	• 기록의 계획은, 녹음기・VTR을 사용하는가 • 기록용지・필기구 등은 준비되어 있는가
6. 참석자들에 대한 통지는 잘 되었는가	• 목적・일시・장소 등에 대하여 정확하게 알렸는가 • 준비물 및 미리 조사해 올 항목에 대하여 잘 알렸는가 • 강사・지도자・자원봉사자 등에 대한 연락은 이루어졌는가
7. 참석한 사람들에 대한 안내	• 프로그램 활동에 참여한 자들을 친절하게 맞이하고 안내할 수 있는 준비는 되어 있는가

출처 : 한국청소년개발원(2005).

2) 실시단계

실시단계는 실제로 프로그램 활동을 전개하는 단계로서 프로그램 활동에서 가장 핵심적인 과정이다. 프로그램이 보다 원활하게 실행되기 위해서는 역할분담 내용의 확인과 프로그램 실행안의 진행 및 상황변화에의 대응 등이 잘 이루어져야 한다. 이러한 관점에서 프로그램의 체계적 실행을 위한 과제를 정리하여 나타내 보면 <표 8-7>과 같다. 먼저, 역할분담의 확인에서는 지도자 및 운영자의 확인, 그리고 참여자 조직으로 구성된다. 프로그램 실행안의 진행은 해당 프로그램을 실시하기 위하여 구상되고 편성되는 것으로, 구체적이고도 계획적인 활동이 요구된다. 끝으로, 상황변화에의 대응은 기상조건의 변화, 지도자의 사정, 참여자의 사정 변화, 프로그램 장소의 변화 등과 같은 문제에 직면하였을 때 효과적으로 대처할 수 있는 방안을 마련하는 것이다.

<표 8-7> 실시단계에서의 주요 과업

구분	역할분담 확인	프로그램 실행안의 진행	상황변화에의 대응
중점 처리 사항	1. 지도의 확인 • 지도자 등 확인 • 참여자의 실태 파악 2. 운영자의 확인 • 체크리스트 점검 • 자원봉사자 확인 3. 참여자 조직 • 그룹 편성 • 대표자 선정	1. 도입-전개-심화-종결 단계별 시간 배분 2. 실시단계마다 반응 파악 (지도자, 참여자의 반응) 3. 내용, 방법, 평가의 점검	• 기상조건 변화 • 지도자의 사정 • 참여자의 사정 변화 • 프로그램 장소의 변화 등에 대한 효과적인 대처활동

출처 : 한국청소년개발원(2005).

실시단계는 다시 도입→전개 및 심화→종결단계로 나누어진다.

(1) 도입단계

도입단계는 참여자 간의 친밀감 조성, 오리엔테이션, 프로그램의 목표 공유, 유사 프로그램 참여 경험 여부, 동기 및 흥미 유발 등을 포함한다. 친밀감 조성을 위해서는 다양한 방식이 사용되는데, 간단한 게임을 사용하는 아이스 브레이킹(ice-breaking)[1]은 프로그램 초기에 참여자들 사이에 존재하는 긴장감과 어색함을 풀고 친밀감 조성을 돕는다. 서로를 이해하기 위한 자기소개 혹은 프로그램의 성격에 따라서 닉네임의 설정과 같은 과정을 통해 서로에 대해서 깊게는 아니지만 동일한 프로그램에 참여한다는 일체감을 제공하는 것이 목적이다(신동열 외, 2020).

도입단계에서 유념해야 할 사항을 언급하면 다음과 같다(한국청소년개발원, 2005; 신동열 외, 2020; 마상욱, 2021; 유진이·윤혜순, 2022).

① 프로그램 목표, 내용, 방법, 평가 등 프로그램 운영방향을 체계적으로 오리엔테이션 할 수 있도록 미리 준비한다.

② 프로그램 구성원인 프로그램 지도자, 강사, 운영요원, 자원봉사자를 소개하고, 참여한 청소년들이 자기소개를 하면서 역할 파악과 친밀감을 형성하도록 노력한다. 한 가지 방법으로 참가자들에게 프로그램 활동 초기에 A4 용지를 나누어 주고 2분 동안 다음과 같이 카드를 작성하라고 하고, 그 다음 참가자들끼리 가능하다면 많은 사람들을 만나서 카드에 있는 정보를 나누게 하는 것도 좋은 방법이다.

고향	좋아하는 영화 혹은 책
이름(혹은 별명)	
프로그램 참가 동기	프로그램에 대한 기대

[그림 8-2] 카드 작성의 예

1) 새로운 사람을 만났을 때 어색하고 서먹서먹한 분위기를 깨뜨리는 일. 첫 만남이니 서로에 대해 소개나 간단한 게임, 날씨, 취미나 관심사 등으로 서먹한 분위기를 깨뜨리자는 의미

③ 청소년들에게 프로그램의 목표를 명확히 제시하고 각각의 활동목표를 알려준다. 이를 통해 청소년들이 보다 주도적으로 활동에 참여하고 내면화할 수 있도록 돕는다.

④ 참여자들의 긍정적 관계 형성을 돕고, 성공에 대한 기대를 제공한다.

<표 8-8>은 도입단계의 목표와 지도전략 및 과제를 나타낸 것이다.

<표 8-8> 도입단계에서의 지도전략 및 과제

요인	목 표	지도전략 및 과제
태도	• 지도자에 대한 적극적인 태도의 형성	1. 참가자와 특정한 가치를 공유한다. 2. 프로그램 과정을 돕기 위한 협조적인 의향을 밝혀라. 3. 참가자의 언어·관점·태도 등을 어느 정도 반영하라.
	• 과제 및 프로그램 상황에 대한 적극적인 태도 형성	4. 과제 제시와 요구사항을 표명함에 있어서는 합리적인 이유를 제시하라. 5. 도입부문을 설정하여라. 6. 과제와 관련된 부정적인 상황을 제거·극소화해라. 7. 성공적인 참여를 확신시켜라. 8. 첫 번째 경험을 가능하면 적극적인 것으로 만들어라.
	• 프로그램에 대한 참여자의 적극적인 자아개념 개발	9. 참여활동에 대하여 부정적인 태도·신념을 지닌 자들을 가능하면 적극적으로 직면하게 하여라. 10. 참가자를 그 주제에 대하여 열성적인 자와 연결시켜라. 11. 참가자를 격려하라. 12. 전체 과정에 대한 참가자의 개인적인 통제력을 촉진시켜라. 13. 프로그램 목표를 명확하게 제시하라. 14. 평가준거를 명백하게 제시하라.
	• 성공에 대한 기대 제공	15. 성공적인 프로그램을 하는 데 소요되는 시간을 제시하라. 16. 결과에 대한 시범적인 모델을 제시하라.

요구	• 지도과정이 참여자의 요구에 부응한다는 것에 대한 확신	17. 지도과정에 있어서 참가자의 요구수준을 찾아낼 수 있는 사정기법을 사용하라. 18. 지도과정에 있어서 참가자의 규범적인 요구를 찾아낼 수 있는 사정기법을 사용하라.
	• 지도과정을 참여자의 심리적 요구와 결합	19. 참가자의 심리적 요구에 적합한 내용·예제를 제시하라. 20. 지도할 지식·기술에 적합한 특정 과제 및 문제를 기억하도록 상상적인 기법을 동원하라. 21. 실패·두려움을 유발할 수 있는 프로그램 환경을 제거하라.
	• 참여자의 단계별 요구 충족	22. 안전·소속감·존경·자아실현 등을 기할 수 있는 적절한 프로그램 기회를 제공하라.

출처 : 한국청소년개발원(2005).

(2) 전개 및 심화단계

전개 및 심화단계는 도입단계에서 참여동기가 유발되어 목표가 명확히 인식되고 여기에 따라 프로그램 지도안에 의해 지도활동을 진행해 나가는 프로그램 지도의 중심적 부분이다. 이 단계에서는 과제 해결에 필요한 작업의 종류, 장소, 사용할 자료나 용구, 협조를 구할 동료 지도자나 자원봉사자, 강사 등에 따라 지도활동의 내용이 달라질 수 있다. 뿐만 아니라 지도과제의 성질이나 과제에 따라 강의, 관찰, 토의, 실험, 조사, 견학 등 많은 활동이 개별적 또는 복합적으로 전개되어 나가는 단계이다. 이 모든 활동을 실시하는 데 있어서 기본적으로 계획에 의거하여 진행해 나가도록 하되 도입단계에서의 목표나 계획에 의하여 엄격히 구속을 받는 것은 아니다. 왜냐하면 일단 수립된 계획도 프로그램의 진행과정에 따라 계획을 수정해야 할 필요가 생기기 때문이다. 말하자면 계획된 프로그램을 조정해야 할 필요가 있으면 충분히 검토한 다음 그에 따라 수정된 전개활동을 실시해 나가야 할 것이다.

프로그램 실행활동에서 최대 성과를 거두려면 지도자는 항상 지도방법의 기준이 될 만한 여러 원리를 염두에 두고 참가자의 프로그램 활동을 조성·지도해야 한다. 프로그램 실행에 요구되는 기본적인 전략으로는 <표 8-9>와 같은 것을 지적할 수 있다(Wlodkowski, 1999; 한국청소년개발원, 2005).

<표 8-9> 전개 및 심화단계에서의 지도전략 및 과제

요인	목 표	지도전략 및 과제
전개 부문 (자극)	• 참여자의 주의유지 • 참여자의 관심 형성 • 참여자의 적극적인 참여 유도	1. 모든 참여자들에 대해 적절한 반응을 보여라. 2. 참여과정에 대한 책무성을 주지시켜라. 3. 지도과정을 참여자의 관심·흥미와 연결 지어라. 4. 참여활동으로부터 얻게 되는 이익을 명백하게 제시하라. 5. 참여과정에 있어서 적극적인 반응 및 참여를 유도하라. 6. 연속적인 경험을 위한 기회·조건을 만들어라.
심화 부문 (영향)	• 지도과정에서 참여자의 정서 격려 및 통합 • 집단 내에서 최적의 정서적 풍토 유지	7. 참여과정에 있어서 선택적으로 인간적인 관점을 강조하고 다루어라. 8. 참여자로 하여금 물리적·정서적 수준에서 직접적인 인지적 경험을 하도록 도와라. 9. 선별적으로 프로그램 내용 및 지도 절차를 참여자의 관심과 일치하도록 하여라. 10. 참여집단 내에서 응집력을 개발·극대화할 수 있도록 협동적인 목표구조를 사용하라.

출처 : 한국청소년개발원(2005).

전개 및 심화단계에서는 도입단계에서 공유한 목표를 달성하는데 필요한 지도자의 과업을 제시하면 다음과 같다(Flash & Waller, 1995; 한국청소년개발원, 2005; 유진이·윤혜순, 2022).

① 청소년들에게 프로그램의 방향을 제시해 준다.

② 청소년들이 아무것도 모르고 있다거나 혹은 많은 것을 알고 있다고 가정하지 않는다.

③ 청소년들이 주제에 대해 방향을 설정하도록 돕는다.

④ 주제에서 벗어난 질문과 논평에 대해 별도로 적을 곳을 마련해 둔다.

⑤ 다음에 일어날 일에 대해 언어로서 단서를 제공한다.

⑥ 청소년들에게 설명하기보다는 가능한 한 시범을 보이게 하거나 직접 시범을 보인다.
⑦ 청소년들에게 기억에 남을 만한 예들을 제시한다.
⑧ 프로그램 실시 중에 청소년들의 이해도를 체크한다.
⑨ 청소년들의 질문에 정확하게 답해야 한다.
⑩ 프로그램 실시 중에 청소년들에게 이해에 도움이 되는 과제를 제공한다.
⑪ 과제는 정확하고 분명하게 제시하도록 특별히 주의를 기울인다.

(3) 종결단계

종결단계는 전 단계에서 지도하고 실시한 프로그램의 내용을 총괄하고, 조직하고, 결론짓는 총결산 단계이다. 이 시기는 프로그램 활동의 최고 정점이며, 결과의 단계다. 이 단계에서는 지금까지의 활동을 정리·발표하고, 비판하고 또 반성해야 한다.

종결단계의 주목적은 프로그램 참가자들이 개인적으로 또는 공동으로 연구하고 활동한 결과를 심리적으로는 자기만족의 정서를 갖게 하고, 사회적으로는 이러한 개인적인 경험을 서로 교환하고 통합하는 기회를 갖는 것으로 프로그램 활동 전체에 관련된 것을 이해하는 데 있다. 따라서 이 단계에서는 지금까지의 프로그램 참가에 대한 확신감을 갖게 하고 그 결과를 강화할 수 있는 제반 활동을 강구하여야 한다. 이를 위해서 필요하다면, 구술방법이나 기술방법 등을 통하여 개인이나 그룹별로 발표하고, 그에 대한 논의를 전개할 수 있는 기회를 보장할 수 있어야 한다(한국청소년개발원, 2005 : 206-207).

종결단계에서 지도자가 유념해야 할 전략 및 과제를 제시하면 <표 8-10>과 같다.

<표 8-10> 종결단계에서의 지도전략 및 과제

요인	목 표	지도전략 및 과제
정리 및 강화	• 참가자의 내면화	1. 진행 과정을 통해 습득한 개념, 기능, 경험을 일상생활에 적용하여 결과를 내면화하도록 유도하라. 2. 자신의 변화를 인식할 수 있는 기회를 제공하라.
	• 참가자의 확신감 고취	3. 결과 공유를 통한 반성 및 확신감을 유도하라. 4. 일상생활로의 실천과 전이를 확인하라. 5. 참여결과의 일반화를 위한(일상생활에서 발휘할 수 있도록) 외적 강화방법을 고려하라.
	• 참가자 간의 결과 공유	6. 종결 감정 처리(아쉬움, 쓸쓸함, 외로움 등)를 하라.
평가	• 프로그램의 보완점 및 개선점 도출	7. 참여자들이 구성한 자기목표에 대한 자기평가 기회를 제공하라. 8. 자체평가에 대한 피드백 및 외적 보상을 제공하라. 9. 평가에 따른 부족한 점에 대한 건설적 비판을 통한 보완점을 마련하라.

출처 : 신동열 외(2020).

3) 정리단계

정리단계는 이미 실시한 프로그램 활동의 과정 및 결과에 대하여 기록 · 정리하고, 평가 · 보고하는 시기이다. 흔히 프로그램 활동을 실시하면 그것으로 프로그램이 종료된 것으로 생각하기가 쉽다. 이는 프로그램의 실행이 가져온 성과와 그 의미를 고려하지 않기 때문에 문제가 있다고 볼 수 있다. 따라서 프로그램 실행과 관련된 것을 자세히 기록 · 정리하고, 사용되었던 장소, 기자재 등을 정리하고 경비를 처리하며, 프로그램 목표를 기준으로 성과를 평가하는 등의 조치를 취할 필요가 있다.

대체로 사회복지조직에서 실시하고 있는 정리방법은 사업명, 대상 인원, 실시횟수 및 시간 수, 강사 · 전문가 · 자원봉사자, 내용항목, 경비 등을 정리하는 것이다. 이는 주로 실적 정리를 위하여 많이 사용하는 방법으로 실제로 이 방법에 의한 정리가 대부분의 기관에서 이루어지고 있다.

<표 8-11>은 정리단계에서의 과업을 나타낸 것이다.

<표 8-11> 정리단계에서의 과업

구분	기 록	정 리	평 가
중점 처리 사항	1. 기록내용 • 지도내용, 수행결과, 소감문, 평가결과, 보고서 등 2. 기록방법 • 글, 그림, 사진, 녹음, 동영상 등	1. 장소, 강의실, 기구, 게시물 점검・정리 2. 경비의 처리	1. 프로그램 성과 파악 2. 평가 실시 및 분석 3. 결과 보고

출처 : 한국청소년개발원(2005).

정리단계에서 이미 실시한 프로그램 활동 전반에 대해 검토 및 반성해야 할 사항을 제시하면 다음과 같다(Heimlich & Norland, 1994; 한국청소년개발원, 2005).

① 다음 단계의 프로그램 활동 계획을 즉시 검토한다. 더 나은 프로그램을 만들기 위해 검토하고 제언한다.

② 프로그램 전개과정상의 문제점을 분석하고 검토한다.

③ 건의함을 설치하고 참가자들의 의견을 적극 활용한다.

④ 동아리 활동을 조직・운영하도록 참가자들을 격려한다. 동아리 활동은 참여자들이 서로 도울 수 있는 기회를 제공한다. 어떤 프로그램은 그룹으로 도움을 청하기가 훨씬 쉽다는 것을 발견할 수도 있다.

5. 청소년 프로그램 모니터링

1) 프로그램 모니터링의 개념

프로그램 모니터링이란 일반적으로 프로그램 수행과정에서 그 프로그램이 원래 의도했던 표적집단에 적절한 서비스가 제공되고 있는지, 인력은 계획에 따라 배치되어 적절한 역할을 수행하고 있는지, 예산은 충분히 지원되어 소기의 결과가 산출되고 있는지를 종합적으로 점검, 검토, 확인하는 과정이라 할 수 있다. 프로그램 모니터링은 실제로 프로그램을 수행하는 도중에 클라이언트, 서비스 인력, 예산, 법적 규정 등에 관한 현존하는 기관의 자료를 활용하여 문제점을 분석하고 모니터링의 결과가 다시 피드백되어 프로그램의 개선으로 이어진다는 장점을 갖고 있기 때문에 본격적인 프로그램 평가보다는 훨씬 수월한 방법으로 프로그램 수행상 주요 요소를 체크하는 기능을 수행한다고 볼 수 있다(황성철, 2009).

모니터는 '프로그램이 설계된 대로 수행되는지의 정도와 계획된 대상집단을 원조하고 있는지를 사정하는 것'이라고 정의할 수 있다. 일부 프로그램 평가 교과서에서 모니터는 프로그램 수행 중에 행한다는 이유로 '형성평가(formative evaluation)'라고 칭한다(정무성 역, 2008).

청소년 프로그램 모니터링 방법은 여러 가지 있겠으나 본 장에서는 청소년기관의 실무 관점에서 어떻게 모니터링할 것인지를 살펴보기로 한다.

2) 청소년기관 관점의 프로그램 모니터링

청소년기관 관점의 프로그램 모니터링은 초기 모니터링, 중간 모니터링, 최종 모니터링으로 구분할 수 있다(양정하 외, 2023).

(1) 초기 모니터링

① 프로그램의 필요성

개발하고자 하는 프로그램이 지역사회의 문제해결 및 감소에 얼마만큼 필요한지, 프로그램 대상의 욕구 충족과 문제해결 및 감소에 얼마만큼 필요한지 등 면밀히 모니터링한다. 즉, 지역사회에 대한 조사 및 분석자료, 프로그램 대상자에 대한 조사 및 분석자료 등 기반이 되어야 한다.

② 프로그램 대상자의 욕구

프로그램 대상자 문제의 원인과 그 문제의 원인을 해결 및 감소하고자 하는 욕구가 어느 정도인지, 의지가 어느 정도인지 등 면밀히 모티터링한다.

③ 법적 및 규제 요구사항

개발하고자 하는 프로그램의 여러 청소년 관련 등 법적 및 규제 요구사항이 무엇인지, 그 법적 및 요구사항을 어떻게 대비해야 하는지 모니터링한다.

④ 사회복지 이론적 배경 및 실천방법, 기술 등

개발하고자 하는 프로그램의 필요성, 효과성, 지역사회의 문제 해결 및 감소 등을 위한 방법론적으로 이론적 배경이 적절한지, 프로그램의 목표달성을 위한 실천방법과 기술 등이 적절한지 등 모니터링한다.

⑤ 청소년기관이 결정한 제반 요구사항

개발할 프로그램에 대한 청소년기관 자체의 프로그램 실시 능력, 즉 인적・물적 자원, 예산, 정보 등 공급이 가능한지를 모니터링한다.

⑥ 프로그램 목적, 목표설정의 적합성

개발할 프로그램의 목적과 목표설정이 적합한지, 즉 프로그램 대상의 제반 문제를 어느 정도 경감시킬 수 있는지, 어느 정도 해결할 수 있는지, 어느 정도 욕구를 충족할 수 있는지 등 모니터링한다.

⑦ 프로그램 목표 달성을 위한 수행방법의 적합성

개발할 프로그램의 목표 달성을 위한 수행방법이 적합한지, 즉 수행방법의 전문성, 경험, 이론적 근거, 효과성, 효율성 등을 모니터링한다.

⑧ 재원 조달방법

개발할 프로그램 실시를 위한 재원을 어떻게 조달할 것인지, 즉 외부에서 조달할 것인지, 내부에서 조달할 것인지, 모금을 할 것인지 등 재원 조달의 효과적인 방법 여부를 모니터링한다.

⑨ 수행인력의 전문성 및 배치의 적절성

청소년 프로그램은 특성상 분업화하기 어렵다. 즉, 프로그램 설계, 제공, 사후관리 등 개발 수행인력이 주관하므로 프로그램의 수행방법상 세부 방법에 따라 내・외부 전문인력의 전문성과 배치가 적절한지 등을 모니터링한다.

⑩ 프로그램 실행장소 및 필요 장비의 적절성

개발할 프로그램을 실행할 장소와 장비 등이 적절한지, 즉 장소의 쾌적성, 접근성 및 장비의 기능 정도 등을 모니터링한다.

⑪ 프로그램 평가기준, 도구, 방법 등 적절성

개발할 프로그램의 목표 달성 정도를 측정하기 위한 평가기준, 도구, 방법의 전문성, 신뢰도, 타당도 등을 모니터링한다.

⑫ 초기 모니터링 결과 기록관리

상기 초기 모니터링한 항목은 프로그램의 적합성, 목표 달성 정도, 대상자 문제의 해결 및 감소 정도 등 계획한 대로 프로그램이 설계되었는지 등 세심하게 기록해야 한다. 그 기록은 차후 중간 모니터링과 최종 모니터링 시 중요한 기초자료가 될 것이다.

초기 모니터링은 모니터링 항목과 기준(지표) 등을 체크리스트(표 8-12) 형태로 만들어서 실시하면 효과적이며 모니터링 결과 조치사항은 그 조치결과를 기록해 두는 것이 중간 모니터링과 최종 모니터링 시 참고가 될 것이다.

(2) 중간 모니터링

① 프로그램 목표의 달성 진행 정도

설정된 프로그램의 목표가 어느 정도 달성되어 가는지, 세부 수행방법이 계획한대로 목표 달성을 위하여 진행되고 있는지 과정평가 등을 모니터링한다.

② 프로그램 수행방법의 실행 정도

목표 달성을 위한 세부 수행방법이 계획한 대로 실행이 되고 있는지, 실행상 변수는 없는지, 대상자의 참여도는 어떠한지, 수행방법의 효과성과 효율성은 어떠한지 등을 모니터링한다.

③ 비용의 효율성

프로그램에 소요되는 비용이 계획한 대로 지출이 되고 있는지, 효율성은 어떠한지, 프로그램 수행인력의 생산성이 어떠한지 등을 모니터링한다.

④ 프로그램 수행인력의 수행 정도

프로그램 세부 수행방법에 따라 각 수행인력이 잘 수행하고 있는지, 변수는 없는지, 프로그램 수행단계별로 적절하게 과정평가를 하고 있는지 등 모니터링한다.

⑤ 프로그램 장소 및 장비 관리 정도

프로그램 수행 공간의 쾌적성, 각종 장비의 이상 유무, 제반 프로그램의 수행 장비 등이 정상적으로 작동되는지 등을 모니터링한다.

⑥ 프로그램 실시에 따른 제반 내·외부 변수

프로그램 대상자, 예산, 장비, 수행인력, 외부 환경 등 변수가 예상되는지 모니터링한다.

⑦ 중간 모니터링 결과 기록관리

중간 모니터링도 모니터링 항목, 기준 등을 체크리스트(표 8-12) 형태로 만들어서 실시하면 효과적이며 프로그램 목표 달성을 위한 계획 변경의 계기가 될 수 있다. 중간 모니터링 결과 조치사항은 그 결과를 기록해 두는 것이 최종 모니터링 시 참고가 될 것이다.

(3) 최종 모니터링

① 프로그램 계획 및 목표 달성 정도

프로그램이 계획대로 잘 진행이 되었는지, 프로그램의 궁극적인 목적과 최종 목표를 어느 정도 달성했는지, 예산이 효율적으로 사용되었는지 등을 최종적으로 모니터링한다.

② 프로그램 평가

초기 모니터링 항목의 프로그램 평가기준, 도구, 방법 등에 의거하여 프로그램의 목표가 어느 정도 달성되었는지, 효과가 어느 정도인지, 대상자의 성과(outcome)는 어떠한지 등 프로그램을 평가하여 모니터링한다.

③ 최종 모니터링 결과 기록관리

최종 모니터링도 모니터링 항목, 기준 등을 '프로그램 모니터링 체크리스트(표 8-12)' 형태로 만들어서 실시하면 효과적이며 최종 모니터링 결과를 기록해 두는 것이 차후 동일 프로그램의 재실행, 타 프로그램의 실행 시 참고가 될 것이다.

<표 8-12> 프로그램 모니터링 체크리스트(예시)

프로그램 모니터링 Checklist

(■초기 □중간 □최종)(page :　　/　　)

프로그램명		모니터링 담당자		모니터링 날짜	

구분	모니터링 항목	모니터링 결과			모니터링 증거
		적합	부적합	부적합 시 수정내용	
	1. 프로그램의 필요성 정도는 어떠한가	○			욕구조사 조사 결과보고서 프로그램 이론적 기반자료
	2. 프로그램 대상자의 욕구는 어느 정도인가?	○			욕구조사 조사 결과보고서 대상자 Intake 기록지
	3. 프로그램 목적, 목표 설정의 적합성은 어떠한가		○	프로그램 목표 설정이 추상적이므로 측정 가능하고 실현 가능한 정도의 목표 재설정 필요	프로그램 계획서 초안(프로그램 목표)

▮연구과제

1. 프로그램평가검토기법(PERT)에 대해 설명하기
2. 갠트 도표(Gantt Chart)에 대해 설명하기
3. 청소년 프로그램 지도안 작성 시 유의해야 할 사항을 설명하기
4. 프로그램의 각 단계에서 지도자가 유념해야 할 사항을 설명하기
5. 초기, 중간, 최종 모니터링에서 체크해야 할 사항 설명하기

제 9 장 청소년 프로그램의 평가 및 개선

학습목표

1. 청소년 프로그램 평가의 개념과 목적을 설명할 수 있다.
2. 청소년 프로그램 평가의 유형을 설명할 수 있다.
3. 청소년 프로그램 평가의 모형을 설명할 수 있다.
4. 청소년 프로그램 평가도구의 조건과 기준을 설명할 수 있다.
5. 청소년 프로그램 평가자의 역할과 평가의 절차를 설명할 수 있다.
6. 청소년 프로그램 개선을 설명할 수 있다.

1. 청소년 프로그램 평가의 개념과 목적

1) 청소년 프로그램 평가의 개념

평가(evaluation)의 사전적 정의는 "사물 또는 그 속성에 대한 가치판단"을 의미한다. 어떤 사물 혹은 그 속성에 대한 가치판단을 하자면 반드시 판단의 준거(criteria) 또는 표준(standard)이 존재해야 한다(정무성, 2008). 사회복지에서의 평가란 사회복지 프로그램 혹은 기관의 계획, 수행, 성과 등 제반 활동들을 체계적으로 가치판단하는 것을 의미한다. 이러한 평가를 통해서 프로그램의 효과성을 체계적으로 조사하기 위해 사회조사의 방법과 절차가 동원된다.

프로그램 평가에서는 설정된 프로그램의 목적과 목표를 달성하기 위해 선정·조직된 내용(활동)을 매개로 클라이언트가 실제로 행동 변화를 성취하는 실행과정과 그 최종 성과를 검증하게 된다. 여기에는 ① 프로그램의 목적과 목표의 달성을 위한 과업 실천과정을 평가하는 '과정평가'와, ② 프로그램의 실행을 통하여 얻어진 최종 성과를 그 목적과 목표의 달성도의 관점에서 확인하는 효과성 및 그 운영에 투입된 비용에 대비하여 얻어진 성과를 확인하는 효율성을 밝히는 '성과평가' 등이 있다. 이렇게 본다면 프로그램 평가는 청소년기관이 운영하는 프로그램의 효과성과 효율성을 철저하게, 그리고 비판적으로 검토하는 과정이라고 할 수 있다(김형식, 1999).

2) 청소년 프로그램 평가의 목적

(1) 프로그램의 성공 여부 확인

프로그램 개발의 의도와 목적 등을 토대로 프로그램을 개발하게 되고, 이러한 목적의 성공 여부, 프로그램 참여자의 변화 정도, 만족도 등과 같은 성공 여부를 확인하는 것이 1차적인 목적이라고 할 수 있다(권일남 외, 2021).

(2) 프로그램 목적 달성 정도 확인

프로그램이 바람직한 목적을 추구하기 위한 활동을 체계화한 것이라는 관점에서 볼 때, 프로그램이 의도하고 있는 바를 어느 정도 달성했는가를 확인 및 점검하는 평가관점이다. 모든 청소년 프로그램은 추구하는 목표가 있으므로 프로그램이 끝나면 목표가 얼마나 성취되었는가를 필연적으로 판단해야 하는데 이 과정이 바로 평가이다(한국청소년개발원, 2005).

(3) 프로그램 가치나 장점 파악 및 판단

이는 실행된 특정 청소년 프로그램을 확대 보급할 것인지, 그에 대하여 추가로 투자할 것인지, 그를 특정 목적 및 상황에 적용할 것인지 등을 결정하기 위한 경우에 평가하는 접근방법이다(한국청소년개발원, 2005).

(4) 프로그램의 효과와 영향 파악 및 판단

프로그램 실시로 인하여 발생한 변화를 측정 및 사정해야만 프로그램의 타당성을 인정할 수 있으며 이를 토대로 프로그램과 관련된 의사결정을 내릴 수 있게 된다(한국청소년개발원, 2005).

(5) 프로그램에 대한 의사결정 보조

프로그램에 관한 중대한 의사결정을 내려야 하는 상황에서 평가 결과를 합리적인 의사결정을 보조하기 위한 목적으로 활용할 필요가 있는바, 기존 프로그램을 계속해서 실시할 것인지, 확대 또는 축소하여 실시할 것인지, 수정하여 실시할 것인지, 아니면 폐지할 것인지 등을 결정하기 위한 목적으로 평가를 하는 경우가 이에 해당한다(한국청소년개발원, 2005).

(6) 프로그램 기술 및 개발에 필요한 정보 제공

프로그램의 완성도는 하루아침에 만들어지는 것이 아니다. 많은 실패와 경험 등을 토대로 만들어지기 때문에 이전 프로그램의 평가결과 등을 토대로 차기 프로그램 개발에 정보제공 등을 하는 기능을 가지게 된다(권일남 외, 2021).

(7) 프로그램 진행상의 문제점 발견

프로그램을 진행하는 과정에서 많은 시행착오가 발생하게 되고, 이러한 시행착오를 통해 수정·보완의 과정을 거치면서 프로그램의 완성도가 높아지게 된다. 결국 프로그램을 진행하는 전 과정에 대해 문제점을 발견하고 이를 수정·보완하기 위한 목적으로 프로그램을 평가하게 된다(권일남 외, 2021).

2. 청소년 프로그램 평가의 유형

프로그램 평가의 시기에 따라 진단평가, 형성평가, 총괄평가로 구분할 수 있다.

1) 진단평가

진단평가(diagnostic evaluation)는 프로그램 시작 전에 참가자가 반드시 알고 있어야 할 기초지식이나 기술을 가지고 있는지를 점검하는 출발점행동평가(evaluation of entry behavior) 또는 투입행동평가(evaluation of input behavior)를 의미한다. 출발점행동평가는 참가자가 프로그램을 시작할 때 가지고 오는 인지적 행동(지능과 적성, 인지유형, 선행학습, 기본기능 등)과 정의적 행동(동기, 흥미, 태도, 자아개념, 불안, 가정환경, 개인 생활사 등)을 포함한다. 진단평가는 참가자의 출발점행동과 선행지식을 확인하고, 프로그램 시작 전 학습장애의 원인 등을 분석하고 확인할 목적으로 실시한다.

2) 형성평가

형성평가(formative evaluation)는 과정지향적 평가(process-oriented evaluation)라고도 한다. 형성평가조사는 프로그램 운영 도중에 이루어지는 평가로서 프로그램의 개선을 위한 정보수집을 통해 프로그램의 수정・보완을 목적으로 실시한다. 형성평가는 프로그램의 운영 및 활동을 분석하여 이를 근거로 해서 보다 효율적인 추진전략을 마련하거나, 프로그램 내용을 수정・변경하거나, 프로그램의 중단・축소・유지・확대 여부를 결정하는 데 도움을 준다. 형성평가는 프로그램 진행 중에 참가자의 변화와 문제점과 개선사항을 확인해서 수정・보완할 목적으로 실시한다(정무성・정진모, 2001).

3) 총괄평가

총괄평가(summative evaluation)는 목적지향적 평가(objective-oriented evaluation)라고도 한다. 총괄평가는 프로그램 운영이 끝날 때 행해지는 평가로서 성질이 비슷한 새로운 프로그램을 시작할 것인지 종결할 것인지를 결정짓는 데 유용하다. 총괄평가는 프로그램의 효과성과 효율성을 평가하고자 하며, 참가자의 최종 목표 달성 정도를 확인하고, 프로그램의 종합적인 성과를 확인한다.

총괄평가는 모든 직원들이 기관의 사명 및 세부 목표를 충분히 숙지하고 있다는 것을 전제로 하며, 얼마나 효과 있게 또는 효율적으로 목표 달성을 해왔는가를 알고 싶어 한다는 것을 전제로 하고 있다. 평가 결과를 근거로 프로그램의 유지, 축소, 중단, 확대 등에 대한 판단을 내리게 된다(정무성 · 정진모, 2001).

3. 청소년 프로그램 평가의 모형

프로그램 평가의 이론적 모형은 여러 가지 기준에 따라 다양하게 분류될 수 있다. 우선 평가의 근본적 목적이 프로그램 진행과 관련된 사실이나 관계를 주로 서술 또는 기술하여 프로그램의 본질에 관한 내용을 명확히 이해하는 데 초점을 두었는지 아니면 객관적 사실의 발견보다는 평가자의 전문적이고 규범적인 판단이 중시되어 평가의 자료가 의사결정을 위해서 사용되는 것에 초점을 두었는지에 따라 서술적 모형과 처방적 모형으로 분류할 수 있다(황성철, 2009).

서술적 모형에 속하는 대표적 모형이 논리모형이고, 처방적 모형에 속하는 대표적 모형이 Scriven의 판단중심 평가모형이다. 논리모형은 프로그램의 투입, 전환, 산출, 성과의 상호 관련성을 강조하여 프로그램 설계에서 평가까지 일관된 형태로 진행되는 과정을 자세히 서술한다. 판단중심 평가모형은 평가를 객관적 자료수집과 분석도 중요하지만 결국 프로그램의 가치를 전문적으로 판단하여 행정가의 의사결정을 돕는 데 주안점을 두는 평가모형이다. 또한 평가모형의 발전과정에 따라 전통적 평가모형과 현대적 평가모형으로 구분되며, 전문가중심의 평가모형과 직원중심의 평가모형과 같은 분류도 가능하다(황성철, 2009).

그러나 이러한 평가모형의 분류는 절대적 기준이 없기 때문에 상당한 논란의 여지가 있다. 따라서 여기서는 다양한 평가의 이론적 모형에 관한 분류를 시도하지 않고 청소년 프로그램 평가에 유용한 평가모형에 대해서 살펴보고자 한다.

1) 목표중심 평가모형

목표중심 평가모형(objective-oriented evaluation model)은 인간 행동 변화에 대한 행동주의 철학에 기초하고 있으며, 프로그램 평가 중에서 가장 오래되고 가장 널리 사용되는 평가모형이다(한국청소년개발원, 2005). 목표중심 평가모형은 프로그램의 목표가 어느 정도 실현되었는지를 밝히는 모형이다. 프로그램의 목표를 프로그램 평가의 준거로 삼는 평가방법이다. 목표에 대한 평가가 이루어지기 위해서는 목표의 명확한 행동적 진술에 기초하고 있어야 한다(권일남 외, 2021).

목표중심 평가의 장점은 다음과 같다.

① 달성되어야 하는 목표가 분명하게 제시되어 나타난다.
② 프로그램 담당자가 결과물에 대해 책임감을 갖도록 한다.
③ 평가자의 입장에서 시간 소모 및 이에 따른 장애를 최소화한다.
④ 참가자들의 성과를 쉽게 수량화할 수 있어 객관적인 정보를 제공한다.
⑤ 평가기준 설정과 평가결과의 해석이 비교적 용이하다.
⑥ 평가에 소요되는 시간이 상대적으로 짧다.

반면 목표중심 평가의 단점은 다음과 같다.

① 의도하지 않은 부수적(긍정적 · 부정적)인 결과들은 평가하기 어렵거나 평가에 반영되지 않을 수 있다.
② 프로그램의 목표를 달성하지 못하였다고 판정할 때 원인이나 잘못된 내용을 명확히 알 수가 없다.

③ 프로그램 평가가 피상적으로 수용되어 비판적으로 평가되지 않을 수 있다.

대표적인 목표중심 평가모형으로는 타일러(Tyler)의 행동목표 모형, 프로버스(Provus)의 간극모형, 하몬드(Hammond)의 3차원 모형을 들 수 있다.

(1) 타일러(Tyler)의 행동목표 모형

타일러(1942)의 행동목표 모형은 평가의 기준으로 분명하고 자세하게 기술된 행동목표를 사용하여 프로그램을 평가하기 때문에 행동목표 모형이라고 불린다(김진규, 2002). 초기에 학생들의 학업 성취도를 평가하기 위하여 제안된 평가모형으로서 프로그램의 진행 후에 목표가 달성된 정도를 확인하고자 하는 것이 평가의 목적이다. 이 모형은 다양한 범위에 적용되고 있으며 프로그램의 평가만이 아니라 교육과 관련된 제도, 정책, 시설 등의 평가에도 사용되고 있다(신동열 외, 2020).

(2) 프로버스(Provus)의 간극모형

프로버스(1971)의 간극모형은 불일치평가모형(Discrepancy Evaluation Model)이라고도 하며, 프로그램의 목적과 실행의 사이에 존재하는 차이, 즉 간극을 찾는 것에 목적을 두고 있다. 평가하고자 하는 프로그램의 수준(standard), 프로그램의 성취(performance), 수준과 성취의 비교(comparison)를 통해 수준과 성취 간 존재하는 간극 또는 격차를 결정하는 평가 방법을 사용한다.

간극모형은 프로그램 평가의 다섯 단계를 제시한다(권일남 외, 2021).

- 1단계 – 설계(design) : 프로그램 설계를 설계 수준 또는 기준과 비교하는 것이다. 프로그램이 제대로 설계되었는가를 평가하는 것이다.
- 2단계 – 투입(installation) : 프로그램의 실제 운영을 위한 투입 수준과 처음에 설계 때 약속한 대로 충실하게 투입하였는지를 평가한다. 예컨대, 교수·학습 설비와 방법, 학습자의 능력, 교수자의 자질 등을 평가한다.

- 3단계 - 과정(process) : 프로그램의 과정을 평가한다. 교수자와 학습자의 활동, 기능, 상호 의사소통 작용 등을 평가한다.
- 4단계 - 결과(products) : 전체 프로그램의 본래 목표 수준에 비추어 평가한다. 이때는 학습자가 성취한 결과만이 아니라 교수자가 성취하는 결과도 포함한다.
- 5단계 - 비용-효과분석(cost-benefit analysis) : 프로그램의 결과를 다른 유사한 프로그램의 결과와 비교하고, 비용-효과분석을 실시한다.

(3) 하몬드(Hammond)의 3차원 모형

하몬드(1969)의 3차원 모형은 프로그램, 참여집단, 행동의 세 차원들 간의 상호작용 효과를 미리 설정한 목표를 준거로 평가하는 모형이다. 프로그램 측면은 조직, 내용, 방법, 설비, 비용 등의 다섯 가지의 하위요소로 구성된다. 참여집단 측면은 학습자, 교수자, 행정가, 교육전문가, 학부모, 지역사회 등이 있을 수 있다. 행동 측면은 인지적, 정의적, 운동 기능적 영역의 세 가지로 세분화되어 평가되어야 한다(권일남 외, 2021).

2) 의사결정중심 평가모형

의사결정중심 평가모형(decision making-oriented evaluation model)은 관리중심 평가모형(management-oriented evaluation model)이라고도 하며, 평가는 의사결정자에게 필요한 정보를 제공하여 의사결정을 돕는 데 초점을 맞춘다. 즉, 다시 말해, 프로그램 운영자의 입장에서 평가하는 것으로, 평가는 프로그램 운영자의 의사결정을 돕는 수단적 기능을 가진다. 또한 평가를 의사결정에 필요한 정보를 제공하는 과정으로 인식하며, 프로그램의 존속 및 폐지에 대한 결정을 위한 평가이다.

이 모형의 장점은 프로그램의 요구분석, 계획, 시행, 평가 등 모든 국면에서 평가하는 데 초점을 두는 것으로, 프로그램 참여자에게 유용한 정보를 제공해

준다는 점이다. 반면 단점은 평가자는 단지 프로그램에 관해 정해진 정보와 자료만을 수집할 뿐이며, 자료에 의한 프로그램의 가치판단 및 프로그램 결정권은 의사결정자에게 주어지게 된다는 점이다. 따라서 평가의 초점을 현장의 개선이나 혁신에 두기보다는 현상 유지에 두기 쉽고, 의사결정자의 결정을 합리화하는 평가가 되기 쉽다는 문제가 있다.

이 모형의 대표적인 것이 스터플빔(D. Stufflebeam, 1974)의 CIPP 평가모형과 커크패트릭(D. Kirkpatrick, 1994)의 4단계 평가모형 등이 있다.

(1) 스터플빔의 CIPP 평가모형

CIPP란 각 단계의 첫 글자를 따온 것으로, 상황평가(Context evaluation), 투입평가(Input evaluation), 과정평가(Process evaluation), 산출평가(Product evaluation)를 의미한다. 스터플빔(D. Stufflebeam)은 평가를 의사결정에 필요한 유용한 정보를 설계, 획득, 제공하는 과정이라고 정의하였다. 이 모형에서 평가자는 프로그램의 가치에 대한 개인적인 평가를 하지 않는다는 데 있다. 즉, 평가자는 가치판단 없이 프로그램에 관해 정해진 정보와 자료를 수집한다.

CIPP의 단계에 대하여 구체적으로 살펴보면 다음과 같다.

① **상황평가** : 가장 기본적인 유형의 평가로서, 프로그램 계획단계에서 목표 설정과 구성 결정의 근거를 제공하기 위한 평가이다. 상황평가의 주된 목표는 대상 집단의 요구를 분석하고 프로그램 주변 환경을 진단 및 파악하는 것이다.

② **투입평가** : 설정된 목표 달성을 위해 필요한 수단을 구체화시키는 평가이며, 프로그램의 목표를 달성하기 위해 필요한 자원과 전략에 관한 정보를 제공하는 평가이다. 자원 활용 방법(프로그램 담당자의 역량, 예산 및 시간 계획, 각종 시설 및 기자재, 운영기관의 각종 지원 등)을 평가한다. 투입평가는 참고문헌 조사, 답사, 사전탐색적 시행 등의 방법을 사용한다.

③ **과정평가** : 프로그램 운영계획과 비교하였을 때 실제 프로그램이 포함하고 있는 각종 활동들이 어떻게 운영되는지를 평가하는 활동이다. 또한 설계한 대로 실천하기 위한 결정과 관련된 평가로서, 프로그램의 실천과정에 대한 평가(교육기간, 강사진, 교육방법, 교재개발, 교육생 관리 등)를 한다.

④ **산출평가** : 프로그램을 통해서 얻게 되는 산출물에 대한 평가(교육효과, 교육실적 등)이다. 프로그램 종료 후 즉각적으로 나타난 변화(output) 및 실제 현장에서 활용하는 정도에 대한 평가를 한다.

(2) 커크패트릭의 4단계 평가모형

커크패트릭(D. Kirkpatrick)의 4단계 평가모형은 교육훈련 프로그램을 평가하는 일련의 연속적이고 체계적인 방법들을 제시하고 있으며, 그 단계는 각 단계 고유의 가치를 가지고 있어 다음 단계의 평가에 정적인 영향을 미친다고 가정한다(진은설 외, 2023).

커크패트릭 모형은 반응평가, 학습평가, 행동평가, 결과평가의 4가지 단계로 설명하고 있다.

① **반응평가**(reaction evaluation) : 프로그램에 대한 참가자의 느낌, 태도, 의견 등 반응에 초점을 둔 평가이다. 학습자들이 프로그램에 만족하는가, 프로그램 내용의 수준이 어렵지 않은가, 프로그램 활동을 하면서 흥미가 있었는가, 프로그램에 대한 기대에 부합하는가 등을 판단하는 과정으로 프로그램에 대한 학습자의 만족도 측정이 그 예이다.

② **학습평가**(learning evaluation) : 목표로 설정한 지식과 기술, 태도 등을 참가자가 제대로 습득하였는가에 대해 평가하는 것으로, 예를 들어, 학습자들이 배운 내용을 시현할 수 있는가를 평가할 수 있다. 지식영역의 평가는 지필시험 또는 질문지, 기술영역은 실습, 태도영역은 관찰이나 면접, 소감문 등이 주로 활용될 수 있다.

③ **행동평가**(behavior evaluation) : 프로그램에서 학습한 내용을 실제 생활이나 직무에서 얼마나 활용 · 적용하고 있는가를 평가한다. 행동평가는 학습전이를 강조한다. 평가기준은 학습 내용을 적용하는 정도, 학습 내용과 관련하여 실천하는 정도, 프로그램 결과로 인한 가치 및 믿음의 변화 정도 등을 포함한다.

④ **결과평가**(result evaluation) : 개인과 함께 조직, 지역사회에 미친 영향력 등을 측정하는 것으로, 예를 들어 실제 생활에서 변화가 있는가, 결과를 통해 예측되는 효과가 투자비용을 초과하는가, 프로그램이 개인과 조직, 지역사회에 기여하는가를 평가하는 것이다.

3) 판단중심 평가모형

판단중심 평가모형은 수혜자중심 평가모형이라고도 하며, 이를 체계화한 스크리븐(Scriven)은 평가를 프로그램이 지닌 장점이나 가치를 체계적으로 판단하거나 결정하는 일로 정의하면서, 가치판단 및 프로그램 결정권은 평가자에게 있다고 주장하였다. 평가자는 단순히 대상을 측정하거나 그 목적의 달성 여부만 판단하는 것이 아니라 대상에 대한 가치판단을 하여야 한다는 것이다.

판단중심 평가모형은 전문적 판단에 주된 관심을 두는 평가모형이며, 전문가의 지식과 기술을 바탕으로 대상 또는 내용의 가치를 평가한다. 이를 위해 평가의 근거가 되는 평가 기준 설정이 매우 중요하다. 평가 기준은 각 프로그램이 고유하게 지니고 있는 속성과 기능을 고려하되, 유사한 프로그램으로부터 얻은 자료를 근거로 설정한다. 설정된 평가 기준에 따라 프로그램을 평가하기 위해서는 프로그램에 관한 다양한 평가자료의 자료원이 필요하다. 판단에 적용될 자료의 충실성, 정확성, 타당성이 중요하기 때문에 실제로 자료를 확보하기 쉽지 않다. 그러나 보다 중요한 것은 평가자의 능력과 경험이다. 평가자의 능력과 경험이 평가 결과의 신뢰성에 직접적인 영향을 준다.

스크리븐은 전문적 판단을 평가자의 주요 역할로 보고 판단의 준거, 평가의 기능, 평가방법, 목적의거 평가와 탈목적 평가, 목적의 질에 관한 평가 등에 관하여 언급하였는데, 이에 대해 차례대로 살펴보면 다음과 같다(김영숙 외, 2002).

첫째, 스크리븐은 판단의 준거를 내재적 준거(intrinsic criteria)와 외재적 준거(extrinsic criteria)로 구별할 수 있다고 보았는데, 평가에서는 외재적 준거에 관심을 기울여야 한다고 보았다. 이때의 외재적 준거는 의도적 효과뿐만 아니라 의도되지 않은 많은 부수 효과까지 포함한다. 이런 점에서 Scriven의 평가모형은 탈목적 평가모형이라고도 불린다.

둘째, 스크리븐은 평가의 기능을 형성평가(formative evaluation)와 총합평가(summative evaluation)로 구분하였다. 즉, 전체 프로그램 활동 중 하위계열 또는 지도과정을 개선하기 위하여 실시하는 평가와 이미 실행된 프로그램 전체의 가치를 종합적으로 판단하려는 평가로 구별할 필요가 있다고 보았다. 이것은 평가가 최종결과의 확인에만 중점을 두기보다는 진행 중인 프로그램의 개선에도 관심을 두어야 함을 강조하는 것이다. 이 두 유형의 평가는 개념상으로도 다를 뿐만 아니라 평가에 필요한 자료수집의 계획이나 자료분석방법에서도 다르다.

셋째, 스크리븐은 평가방법으로서 비교평가(comparative evaluation)와 비비교평가(non-comparative evaluation)로 구분하였다. 평가에서는 비비교평가도 중요하지만, 여러 가지 프로그램 또는 목적 등에 관한 여러 대안들 사이에 어느 것이 보다 우수하며, 어떤 장점이 있는지, 또 그것의 효과는 무엇인지를 비교해서 제시해 줄 필요가 있다.

넷째, 스크리븐은 평가를 목적의거 평가와 탈목적 평가로 구분하였다. 프로그램, 기타 여러 현상을 평가할 때 대개의 경우 "이 프로그램의 목적은 이러합니다."라고 미리 사전지식과 정보를 갖고 평가에 임하기 마련이다. 따라서 평가자나 평가자 집단이 그 프로그램의 효과나 가치를 평가할 때는 자연히 의식적이든 무의식적이든 모든 평가의 결과를 그 목적에 근거해서 판단하기 마련이고, 그러다 보니 여기에서는 목적의 설정이 제대로 되었다는 단정을 전제하지 않으면 안된다. 이 같은 평가를 그는 목적의거 평가(goal-based evaluation)라고 하였다. 이에 반해, 처음부터 어떤 특정한 프로그램이나 교육정책이 어떤 목적을 가지고 시작했는지에 관한 지식과 정보를 주기보다는 여러 증거만을 수집해서 그 프로그램의 목적이 무엇이며, 그것이 제대로 성취되고 있는지, 그 가치는 무엇인지 등을 판단해야 할 필요도 있다고 보았는데, 이러한 평가를 그는 탈목적 평가(goal-free evaluation)라고 불렀다. 탈목적 평가는 프로그램의 기획자가 설정한 목표나 의도보다는 프로그램이 실제로 어떤 결과를 낳았는지를 중시하여 평가를 수행하는 방식이며, 이는 평가의 객관성을 높이고, 프로그램의 실제 효과를 다각도로 이해하는 데 유용하다. 탈목적 평가는 사전에 설정해 놓은 목적 달성의 여부는 평가의 주요 관심사가 아니다. 프로그램의 목적보다는 참여자의 반응과 만족 정도에 관심을 기울인다. 그리고 프로그램의 내용과 활동이 참여자를 만족시켰는지를 확인하는 데 초점을 맞춘다. 이를 위해 탈목적 평가모형은 프로그램의 가치를 올바르게 평가하기 위해 프로그램의 목적 달성도에 기반한 일차적 효과와 부수적인 효과인 이차적 요인을 포함하여 평가과정에 사용한다.

다섯째, 스크리븐은 목적의 질에 관한 평가를 강조하였다. 그는 평가를 가치판단이라고 생각하면서, 평가를 다만 목적의 성취수준이나 질만을 따지는 것이라고 생각하지 않고, 목적 그 자체의 가치를 평가할 필요도 있음을 강조하였다. 따라서 평가자는 목적이 얼마나 성취되었느냐의 문제뿐만 아니라 목적 그 자체의 가치에 대해서도 관심을 기울여야 한다. 곧 평가자가 프로그램 관리자에 의해 제공된 목적을 수동적으로 받아들일 것이 아니라, 그것이 가치 없는 것으로 판단되었을 때는 거부하는 태도도 가져야 한다는 것을 의미한다. 예컨대 전체적인 관리자가 비민주적이고 비합리적인 목적을 요구했을 때 그것이 평가자의 가치판단에 의해 부적절하다고 판단되면 거부할 수 있다고 보았는데 이것을 평가자의 중요한 역할로 간주하였다.

4) 논리모형

논리모형(logic model)은 1960년대 후반에서 1970년대 초반에 다양한 연구자와 평가자들에 의해 점진적으로 개발되고 1970년대 후반과 1980년대 초반에 체계화되어 프로그램 기획과 평가 분야에서 사용되고 있다. 사회복지 프로그램 개발과정에서 체계이론의 개념을 적용하여 투입－활동－산출－성과 간의 관계를 논리적으로 설명하는 도식을 활용하여 프로그램의 성과를 체계적으로 평가하는 모형이다. 논리모형은 프로그램에 투입된 인적·물적 자원을 명확히 해 주고 목표를 분명히 설정하는 데 도움을 주고, 프로그램 수행과정을 차트로 보여주는 시각적 장치를 사용하여 프로그램 개발자나 평가자가 모니터링할 수 있도록 도와준다. 또한 성과를 단기, 중기, 장기 성과를 모두 포함하여 실제로 프로그램 수행에 따른 결과를 합리적으로 평가할 수 있도록 하는 데 유용하게 활용할 수 있는 평가모형이다.

최근에 프로그램의 기획이나 평가에서 논리모형이 상당한 인기를 얻고 있는데 그 이유는 몇 가지로 집약된다. 첫째, 논리모형은 기관책임자, 프로그램 개발자, 평가자, 기타 이해관계 당사자들이 프로그램의 목적과 목표를 분명히 인식하는 데 도움을 준다. 둘째, 프로그램이 진행되는 과정을 이해하는 데 유용하다. 셋째, 잠정적 성과와 최종성과를 구별함으로써 과정평가와 성과평가를 통합적으로 운영할 수 있다는 장점이 있기 때문이다(황성철, 2009).

논리모형은 프로그램의 성과평가에 강조점을 두어 어떻게 논리적 장단기 성과가 나타났는지를 측정하고 설명해 주는 평가모형으로 다음과 같은 질문에 초점을 맞춘다.

- 중요한 모든 활동과 성과는 평가에 포함되었는가?
- 투입, 활동, 산출, 성과 사이에는 적절한 논리적 관계성이 있는가?
- 성과로 파악되고 측정되는 것들은 프로그램의 목적, 목표와 연관되는가?
- 성과는 프로그램 목적·목표 달성에 반드시 필요한 것인가?

- 성과는 프로그램 참여자의 의미 있는 변화와 혜택을 나타내는가?
- 성과는 비록 통제할 수는 없지만 프로그램의 수행으로 얻어진 결과인가?
- 의도한 프로그램의 영향력 범위는 분명히 규정되었는가?
- 프로그램 관리자가 성공과 실패요인을 규명하는 데 도움을 주는가?
- 프로그램 관리자가 얻은 지식을 일방에게 알리는 의사소통은 효과적인가?

이러한 논리모형은 프로그램에서 기본적으로 계획된 수행과 의도하는 결과를 하나의 도식으로 작성하고, 프로그램에 대한 이론적 모형을 포괄적인 틀로 제시한다. 논리모형은 수행 당사자뿐만 아니라 수요자 및 일반인들도 프로그램 기획자의 의도와 기대성과를 파악할 수 있으며, 프로그램 관계자들의 방향성을 일정하게 유지하며 대화를 촉진하는 도구로 유용하다.

프로그램의 성과평가를 위한 논리모형의 4단계는 |그림 9-1|과 같은 방법을 통해 구축된다(황성철, 2009).

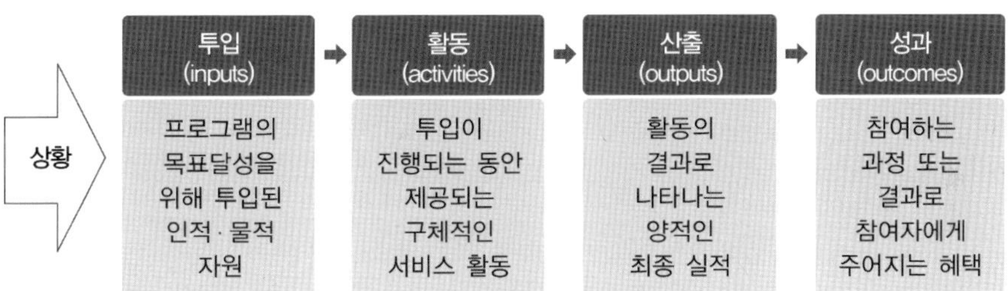

|그림 9-1| 논리모형의 4단계

① **상황**(situation) : 프로그램 기획의 출발점으로 광범위한 문제와 상황을 다룬다.

② **투입**(inputs) : 프로그램이 목표 달성을 위해 사용하는 인적·물적 자원을 의미한다. 프로그램 활동을 지원하기 위해 투입이 필요하다. 무엇이 얼마나 투자될 것인가?

예를 들면, 결과에 도달하기 위해 필요한 인력(상담전문가 10인), 시간, 독거

노인 20명, 사회복지사 2명, 자원봉사자와 봉사시간, 재원(예산, 서비스에 소요된 비용), 시설과 장비 등이다.

③ **활동**(activities) : 프로그램에 투입이 진행되는 동안 제공되는 구체적인 서비스 활동을 말하고, 프로그램 활동으로 인해서 산출이 발생한다. 어떤 활동들이 계획, 수행되는가?

예를 들면, 상담서비스, 제빵 기술교육, 자원봉사자 모집, 사회성 향상 프로그램 실시, 식사 및 쉼터 제공, 직업훈련, 아동교육, 멘토링 활동 등이다.

④ **산출**(outputs) : 프로그램 활동의 결과로 나타나는 양적인 최종 실적을 의미한다. 산출은 성과를 위한 프로그램 활동의 직접적 결과 상태를 제시하는 것이어야 한다. 서비스 제공시간과 프로그램 참가자 수 등으로 나타난다.

예를 들면, 이용자가 서비스를 활용한 총시간, 프로그램 참가자 수(학생 참여율, 이용자의 서비스 참여 횟수, 출석률 등), 취업훈련 서비스 20회, 교육회기 수, 교육시간, 서비스 제공자와 이용자 간 접촉 건수 등이다.

⑤ **성과**(outcomes) : 프로그램에 참여하는 과정 또는 결과로 참여자에게 주어지는 혜택을 의미한다. 프로그램이 의도하는 변화 목적의 성취 상태를 나타낸다. 성과(outcome)는 단기, 중기, 장기 성과를 모두 포함한다.

예를 들면, 자아존중감 20% 향상, 아동의 독서 능력 30% 향상, 참여자의 기술습득, 참여자의 재취업, 장애발생률 감소, 참여자의 취업률 50% 이상, 학교 내 안전감 증가, 치매부모부양 가족원 삶의 질 향상, 프로그램 참여자의 스트레스 완화, 참여자의 생활만족도 향상 등이다.

⑥ **성과지표**(outcome indicators) : 성과를 구체적으로 측정할 수 있는 척도를 의미한다. 예를 들면, 자아존중감 척도, 생활만족도, 부모양육태도검사 척도 등이다.

한 걸음 더

- **전문성중심 평가모형** : 평가대상 프로그램과 관련된 분야의 전문가들이 전문성을 이용하여 프로그램의 진가를 평가하는 모형인데, 전통적으로 인정평가모형과 전문가 심의모형이 대표적이다. 인정평가모형은 주로 프로그램과 관련된 분야의 전문가들이 하나의 팀을 이루어 사전에 체계적인 평가기준 및 평가원칙을 개발하고, 그에 입각하여 일정기간 동안 자체 연구를 한 후 프로그램이 운영되고 있는 현장을 방문하여 프로그램의 수행과정을 관찰하고 평가하는 데 중점을 두는 모형이다. 이에 반해, 다양한 형태의 전문가 심의모형은 특정 분야에 권위 있는 전문가들의 심의, 검토, 평정 지도를 활용하여 프로그램의 가치 및 장점을 파악하고, 이를 여러 목적에 활용하는 평가모형이다(한국청소년개발원, 2005).
- **자연주의 평가모형** : 자연주의 철학에 중심을 두고 평가하는 방식을 의미한다. 자연주의 철학은 현실에 대하여 지나친 이상화를 하지 않고 탐구의 대상이 되는 현실에 대하여 있는 그대로 표현하는 것에 그 의미를 두고 있다(신동열 외, 2020). 질적 연구방법에 입각한 사례연구방법이 적합하며 자연주의 철학에 입각한 특성상 평가 설계에 맞춰서 진행되는 인위적 통제가 이루어지는 실험적 현장보다는 통제가 이루어지지 않은 실제 현장에서 데이터를 수집하고 분석하는 과정에서 수량화된 비교보다는 정성적·해석적 접근을 사용한다.
- **참여-반응중심 평가모형** : 프로그램에 참여하거나 그로 인해 영향을 받은 관련 인사들의 다양한 반응에 입각하여 프로그램의 역동적인 측면을 중시하여 그 장점과 가치를 파악하려는 모형(한국청소년개발원, 2005)으로, 프로그램 참여자의 입장에서 평가한다.
- **공정성 이론** : 만족은 프로그램 참여자가 지불한 대가로 얻은 성과와 사용한 비용을 비교하여 프로그램 참여자가 유리하다고 느낄 때 만족이 발생한다고 보는 이론이다.
- **기대불일치 모델 이론** : 참여자의 만족/불만족은 프로그램 참여 전에 가졌던 기대와 결과가 얼마나 일치하는가 하는 주관적 평가에 의해 결정된다고 보는 이론이다.

4. 청소년 프로그램 평가도구의 조건과 기준

1) 평가도구의 조건

구체적인 증거를 실제로 측정하기 위한 평가도구(측정도구)를 제작 또는 선정하게 된다. 평가도구가 본래의 기능을 발휘하기 위해서는 신뢰도와 타당도의 조건을 갖추어야 한다.

(1) 신뢰도

신뢰도란 평가도구가 측정대상을 일관성 있게 측정하고 있느냐의 정도를 말한다. 즉, 평가도구가 얼마나 일관성 있는 측정값을 제공하는지를 나타낸다. 이는 측정의 일관성을 나타내는 것이다. 즉, 평가도구를 두 번 이상 사용하거나 혹은 둘 이상의 다른 평가자들이 평가하였을 때 그 결과가 안정되고 일관성 있게 나타나야 하는 것이다(양정하 외, 2006).

신뢰도 계수를 구하는 방법에는 일반적으로 네 가지의 방법이 있다(황인옥, 2022).

① 검사-재검사법 : 동일한 대상에 대하여 동일한 측정도구를 일정한 시간 간격을 두고 반복해서 측정한 다음 그 측정값을 서로 비교하는 방법이다. 즉, 동일대상에게 시기만 달리하여 동일 측정도구로 조사한 결과를 비교하는 신뢰도 측정방법이다.

② 반분법 : 하나의 측정도구를 둘로 나누어 각각 독립된 두 개의 척도를 사용하여 동일한 대상에 대하여 동시에 측정을 실시한 후 각각의 측정값을 비교함으로써 신뢰도를 측정하는 방법이다. 전체 n개의 항목들을 가진 측정도구를 무작위로 반으로 나누어 이루어진 두개의 측정도구를 만든다. 예를 들어, 동일 개념을 측정하기 위해 만들어진 20문항의 측정도구를 무작위로 10문항씩 둘로 나누어 각각 독립된 두 개의 척도를 만드는 것이다.

③ **유사양식법** : 복수양식법 또는 대안법이라고도 하며, 유사한 형태의 두 가지 측정도구를 동일대상에게 동시에 실시하여 신뢰도를 측정하는 방법이다.

④ **내적일관성 분석법** : 신뢰도 측정방법에서 가장 많이 사용되고 있는 것으로, 측정도구의 문항을 양분하거나 반복하여 조사하지 않고, 한 번의 조사나 시험으로 단일한 신뢰도 계수를 산출하는 방법이다. 내적일관성 신뢰도 계수를 산정하는 가장 널리 사용되고 있는 방법은 Cronbach's α 계수[1] 계산법이다. 이는 반분법과 마찬가지로 내적일관성 방법에 따라 신뢰도를 측정하는 기법으로, 측정도구의 모든 반분법(이분절 기법) 상관계수를 평균 내는 방법이다. Cronbach's α 값은 0에서 1까지의 값을 가지는데, Cronbach's α 값이 높을수록 신뢰도는 높다고 할 수 있다. 즉, 그 값이 0.6~0.8 이상이면 이 척도는 신뢰도가 높은 측정도구라고 할 수 있다.

(2) 타당도

타당도란 평가도구가 측정하고자 하는 것을 얼마나 정확하게 측정하는가의 정도를 말하며, 측정도구의 정확성(accuracy)과 관련되어 있다. 예를 들어, 키를 측정하기 위해 자를 사용하고, 몸무게를 측정하기 위해 체중계를 사용하는 것은 타당도가 있는 것이다. 타당도의 종류에는 내용타당도, 기준타당도, 구성타당도가 있다(황인옥, 2022).

① **내용타당도** : 액면타당도나 논리적 타당도로 불리며, 측정도구를 구성하고 있는 내용이 가지고 있는 대표성의 정도를 말한다. 즉, 측정하고자 하는 개념을 내용적으로 잘 담고 있는가를 나타내는 것으로, 전문가의 판단에 기초한다. 측정도구의 문항들이 측정대상이 되며, 현상의 속성을 골고루 반영하여야 내용타당도가 확보될 수 있다. 내용타당도는 통계적인 방법에 의해서 측정도구의 적합성을 수량화하는 것이 아니라 해당 분야의 전문가들

---

1) Cronbach's α값은 척도를 구성하는 각각의 항목에 대하여 그 항목과 다른 항목들 간의 상관관계를 모두 계산하여 그들의 평균치를 구한 것이다. Cronbach's α값이 가지고 있는 장점은 실제로 명확한 신뢰도 계수를 제시하여 줄 수 있다는 것이다.

이 측정도구의 적합성을 검토하여 얻은 전반적인 판단이나 합의라고 할 수 있다.

② **기준타당도** : 준거타당도라고도 하며, 현재 개발된 측정도구의 측정값과 이미 전문가가 만들어 낸 측정도구의 측정값과의 비교를 통해 타당도를 검토하는 방법이다. 일반적으로 기준타당도는 동시타당도(공인타당도)와 예측타당도로 구분된다. 먼저, 동시타당도는 어떤 조사에서 사용된 측정도구에 의한 측정값과 같은 시점에서 기준이 되는 값을 비교하여 그 타당성을 확인하는 방법이다. 즉, 현존하는 상태를 진단하는 것으로 서로 상이한 두 대상을 판별해 내는 능력이다. 다음으로, 예측타당도는 어떤 측정에 의한 결과가 관련된 미래의 행위나 사건, 태도, 결과, 어떤 일의 수행 능력 등을 얼마나 잘 예측해 주는가에 대한 문제이다. 즉, 현재의 상태로부터 미래의 차이를 예측해 내는 도구의 능력 정도이다.

③ **구성타당도** : 구인타당도 또는 개념타당도라고도 하며, 측정도구가 기존의 이론적 관점에 적합하게 구성되어 있는가를 판단하는 것이다. 따라서 구성타당도 검사를 위해서는 해당 개념과 관련된 이론적 모형이 필요하다. 예를 들어, 가정폭력의 요인을 측정하는 도구에 대한 구성타당도를 판단하기 위해서는 가정폭력의 요인들에 대한 이론적 틀을 구성하고, 이에 따라 측정도구가 적합한가를 판단해야 한다. 또한 가족의 해체를 경험한 청소년의 자아존중감이 낮다는 이론적 가설이 있다고 할 때, 가족의 해체를 가져오는 요인이 부모의 이혼, 별거, 사별 혹은 경제적 파경 등으로 측정되어야 하며, 청소년의 자아존중감은 관련된 지표를 활용하여 측정된다. 이와 같이 구성타당도는 요인분석에 활용되는 타당도이다. 구성타당도는 추상적인 속성을 측정하는 척도의 타당도 검증에 적절하고, 통계적으로 검증이 가능해야 한다. 이러한 구성타당도는 이해타당도, 집중(수렴)타당도, 판별(차별)타당도로 구성되어 있으며, 이들 세 가지 타당도가 높아야 구성타당도가 높다고 할 수 있다.

2) 프로그램 평가의 기준

평가의 기준은 <표 9-1>에서 보는 바와 같이 노력성, 효과성, 효율성, 영향, 품질, 과정, 형평성 등을 들 수 있다(York, 1982). 노력성(effort)이란 그 프로그램을 통해 발생한 활동의 양과 서비스의 결과인 생산량으로 측정하는 방법이고, 효과성(effectiveness)은 서비스의 목표 달성 정도를 측정하는 것이며, 효율성(efficiency)은 투입(input)과 산출(output)의 비율로 측정된다. 그리고 영향(impact)은 프로그램이 해당 지역사회의 사회문제 지표들(예 실업률)에 얼마만 한 영향을 주었는가를 측정하는 것이고, 서비스의 품질(quality of services)은 서비스를 통해 클라이언트의 변화 등을 평가하는 것이다. 또한 과정(process)은 그 효과가 어떻게 또 왜 얻어지게 되었는가에 대한 인과관계를 밝히는 것이고, 형평성(equity)은 프로그램의 혜택이나 서비스가 대상집단 내에 공평하게 잘 배분이 되었는가를 살펴보는 기준이다(양정하 외, 2006).

<표 9-1> 평가의 기준과 평가요소

기 준	정 의	평가요소의 예
노력성 (effort)	프로그램 활동의 양	프로그램의 투입요소와 이의 전환과정 • 단위활동의 수 • 이용자의 수 • 전문지식과 기술의 소유와 활용 정도(전문인력의 수) • 프로그램 예산 및 자원 • 프로그램 기간 및 하위 활동들의 단위기간 등 • 프로그램 활동에 대한 전문인력의 투입시간
효과성 (effectiveness)	프로그램 목표의 달성 정도	목표 달성과 프로그램 노력과의 인과관계 • 이용자의 인지적·감정적 변화 • 이용자의 행동상의 변화 • 이용자 집단(clientele)의 사회적 변화 등
효율성 (efficiency)	산출 대비 비용 정도	서비스 단위 산출당 소요 비용 • 프로그램 노력(위의 요소들)에 대한 비용 • 프로그램 결과에 대한 비용 등

영향 (impact)	사회문제나 이용자 욕구변화에 미친 영향	프로그램 노력과 사회적 지표변화 간의 관계 • 위기집단과 표적집단 내에서의 변화 정도 • 사회지표상의 변화에 대한 실증적 기대 정도 등
품질 (quality)	프로그램의 전문성	프로그램 제공자의 전문성 • 서비스 인력의 전문자격 소유 유무와 정도 • 프로그램에서 활용하고 있는 전문지식과 기술의 발전 상태 등
과정 (process)	프로그램 결과의 경로	프로그램 운영상의 매개체 • 세부 목표(수단적 목표)들의 달성 정도와 연계성 • 세부 목표와 프로그램 결과 사이의 영향 정도의 차이 등
형평성 (equity)	프로그램 배분의 공평성	프로그램의 접근성 • 대상집단에게 동일한 접근기회가 주어지는지의 여부와 그 정도 • 프로그램 활동이 지역 내에 균등하게 배분되는 정도 등

출처 : 한동우(2000).

그 밖에도 프로그램 평가의 기준으로는 유용성, 실행 가능성, 정당성, 정확성, 대응성 등이 있다. 유용성은 평가와 관련된 이해관계자의 실제적인 정보 욕구를 충족시켜 줄 수 있어야 하고, 시기적절하고, 그들에게 영향을 줄 수 있어야 한다는 의미이고, 실행 가능성은 평가가 실제적 정보로서 활용될 수 있는가를 평가하는 항목이다. 정당성은 평가 결과에 의해 영향을 받게 될 사람뿐만 아니라 평가에 포함된 사람들의 인권과 복지에 대해 합법성과 윤리성이 고려되면서 진행되어야 한다는 의미이고, 정확성은 평가를 통해 얻어지는 정보가 통계적으로 정확해야 하며, 신뢰도와 타당도를 확보할 수 있어야 함을 의미한다(김미숙, 1999; 한국청소년개발원, 2005; 신동열 외, 2020). 그리고 대응성은 환경에 대한 프로그램의 적절한 대응 여부를 의미하며, 사회적 요구, 청소년의 요구에 적절히 대응하였는가를 측정하는 기준이다.

5. 청소년 프로그램 평가자의 역할과 평가의 절차

1) 청소년 프로그램 평가자의 역할

청소년 프로그램 평가자의 역할은 지식 및 방법을 중심으로 하는 전문적 역할, 의뢰자 및 의사결정자 등과의 인간관계 유지 역할, 과정 수행 및 관리에 대한 행정적 역할, 과정 수행에 필요한 의사결정 등 사회·정치적 역할 등이 있다(한국청소년개발원, 2005; 신동열 외, 2020).

(1) 전문적 역할

평가자는 평가 수행에 필요한 전문적 지식과 기능을 바탕으로 평가계획의 수립과 평가준거 설정, 자료의 분석과 처리를 통한 평가지표 추출, 평가기준의 결정 등의 평가방법에 있어서 전문성이 요구된다.

(2) 인간관계 유지 역할

평가를 수행하기 위해 필수적으로 요청되는 평가의뢰자 및 의사결정자와의 의사소통, 대중과의 관계 유지, 상황적 지도력, 평가팀의 형성 및 그 운영 능력, 갈등상태의 중재 및 해결, 평가의뢰자 및 의사결정자와의 적절한 인간관계 유지 능력 등이 요구된다.

(3) 행정적 역할

평가의 수행 및 관리에 관한 기능을 의미하는데, 평가 수행과정에서 나타나는 제반 행정적 요청이나 외부기관의 분석 결과 요청이나 관련 인물들의 소집과 같은 행정적인 관련 업무를 해결할 것이 요구된다.

(4) 사회·정치적 역할

평가를 발주하고 기획하며 수행하는 데 필요한 의사결정과 평가의 전개 및 수행에 초점을 둔 평가자의 역할을 의미한다. 이때 평가자는 평가와 관련된 조직 내부의 상황과 사회·정치적인 맥락을 고려하여 적합한 평가를 수행해야 한다.

2) 청소년 프로그램 평가의 절차

청소년 프로그램 평가의 절차는 평가의 세부목표 설정 → 평가내용과 방법의 결정 → 평가도구의 제작 → 프로그램 평가의 실시 → 평가결과의 처리와 분석 → 프로그램 평가의 활용 순으로 진행된다(한국청소년개발원, 2005; 신동열 외, 2020; 양정하 외, 2023; 진은설 외, 2023).

(1) 평가의 세부목표 설정

이 단계는 프로그램의 평가 실시 배경과 동기를 확인하고, 프로그램 평가의 실시 이유를 명확하게 하여 프로그램 평가의 목적과 의도를 설정하는 단계이다. 프로그램 평가의 가장 근본적인 목적은 프로그램의 목표달성 정도와 목표의 달성을 위한 효율성을 측정하는 데 있다.

(2) 평가내용과 방법의 결정

평가내용과 방법의 결정은 평가준거를 설정하는 것이고, 평가준거의 설정은 프로그램 의도에 맞게 프로그램 평가의 영역과 대상을 선정하는 것을 포함한다. 평가의 영역과 대상에는 프로그램의 목표달성정도, 프로그램의 내용, 프로그램의 운영, 참여자의 반응 등이 포함될 수 있다. 평가의 내용과 대상이 결정되면 평가방법을 결정해야 한다. 평가방법 결정 시 고려해야 할 요인으로는 자료수집 방법, 분석방법, 평가 주체, 평가 일정 등이 있다.

(3) 평가도구의 제작

모든 평가는 평가목표를 달성하기 위한 측정도구를 필요로 한다. 프로그램의 측정도구를 얼마나 정확하고 정교하게 만드느냐가 평가의 신뢰도와 타당도를 좌우하게 된다. 프로그램의 선정과정에서 양적 평가와 질적 평가가 포괄적으로 이루어지는 프로그램을 선택하는 것이 바람직하다. 하나의 평가 방법을 사용할 경우 측정되지 못한 부분이 누락되어 실제적인 가치를 측정하는 프로그램의 평가가 제대로 이루어지지 않을 수 있다. 이를 위해 프로그램을 위한 도구를 개발하거나 기존에 검증이 이루어진 척도를 사용한다.

(4) 프로그램 평가의 실시

평가목표를 달성하기 위한 평가의 내용과 도구가 결정되면 정해진 방법에 따라 평가를 실시하게 된다. 평가의 환경과 관련하여 필요한 인력, 시설, 예산, 시간 등을 확보하여 실질적인 자료를 수집하는 단계이며, 척도를 사용할 경우에는 관련된 전문가에게 조언을 구하거나 외부 기관에 척도의 평가를 의뢰하는 것도 프로그램의 신뢰도를 높이는 데 영향을 준다. 프로그램 실시를 통한 평가자료의 수집방법에는 설문지법, 면접법, 관찰법, 포트폴리오법 등이 있다.

(5) 평가결과의 처리와 분석

평가를 실시하여 수집된 자료는 절차에 따라 분석하게 되는데, 평가목적에 맞게 양적·질적인 분석을 하게 된다. 자료의 처리 및 분석은 수집된 자료의 편집, 코딩, 표 만들기, 통계 분석의 순으로 이루어진다.

(6) 프로그램 평가의 활용

프로그램 평가자료의 분석이 완료되면 그 결과의 활용방안에 대해 결정해야 한다. 평가자료는 프로그램의 개선과 마케팅에 활용될 수 있으며, 청소년지도자는 프로그램의 평가를 통해 얻은 자료를 통해 프로그램의 지속 여부에 대한 판단과 기관의 관계자들에게 보고를 해야 한다.

6. 청소년 프로그램 개선

1) 청소년 프로그램 개선의 개념

청소년 프로그램 개선이란 청소년 프로그램 모니터링 결과를 토대로 프로그램의 효과적인 실행을 위한 조치라 할 수 있다. 즉, 내부적으로 효과성과 효율성을 개선시키고 외부적으로는 이해관계자의 만족을 도모하는 것이다.

청소년 프로그램 개선방법은 국내외 문헌 연구가 거의 없어 참고하기에는 한계가 있기에 본 서에서는 청소년기관의 실무 관점에서 청소년 프로그램 개선 방법을 살펴보기로 한다(양정하 외, 2023).

2) 프로그램 개선의 방법

프로그램 개선의 방법에는 시정조치와 예방조치가 있다(양정하 외, 2023).

(1) 시정조치

① 시정조치 대상 선정

프로그램 모니터링 결과 부적합사항을 검토한다. 시정조치란 부적합사항이 재발하는 원인을 찾아 제거하는 의미이다. 여기서 부적합사항은 프로그램 실행 시 계획되지 않은 실행을 방지하기 위해 관리되어야 하고 식별되어야 한다. 부적합사항은 원인을 조사하여 결과를 기록하고 시정조치 대상을 결정한다. 시정조치 대상 결정은 프로그램 운영비용, 부적합사항으로 인한 손실 비용, 효과성, 대상자 만족도 등에 영향을 미치는 관점에서 문제의 중요성을 평가하여 판단하여야 한다. 문제의 중요도는 문제의 크기와 심각성, 시급성, 프로그램의 기술적 난이도, 소요 예산, 인적 및 물적 자원 등 사항을 고려한다.

② 부적합사항 원인의 결정

프로그램 모니터링 결과 부적합사항으로 판정되면 그 원인이 무엇인지 조사하고 결정한다.

③ 시정조치 필요성에 대한 평가 및 시정조치 실행

판정된 부적합사항이 재발하지 않음을 보장하기 위하여 시정조치가 필요한지를 평가하고, 그 결과 시정조치가 필요하면 시정조치 계획을 수립하고 실행하여 부적합사항의 원인을 제거한다.

④ 시정조치의 결과 기록

실행된 시정조치의 결과로 프로그램 수행 절차, 방법 등에 변경이 발생한 경우는 프로그램 계획서 또는 관련 문서 <표 9-2> 프로그램 개선 조치서(시정조치)에 기록하여 부적합사항 재발이 방지되도록 해야 한다.

(2) 예방조치

① 잠재적 부적합사항 및 그 원인의 결정

잠재적 부적합사항이란 현재는 문제가 없어 보이나 미래에 문제가 예상되는 사항을 의미한다. 그러나 프로그램 모니터링 결과 잠재적 부적합사항이 무엇인지를 즉각 결정하기가 어렵다. 그래서 잠재적 부적합사항을 결정하는 데 도움이 되는 정보를 다음에서 파악하고 잠재적 부적합사항의 원인을 조사한다.

- 시정조치 결과
- 프로그램 실행에 대한 제반 과정 기록
- 프로그램 대상자 불만 및 대상자 만족도 조사 결과
- 과정평가 결과
- 프로그램 수행 인력의 주기적인 모니터링 결과

② 예방조치의 필요성에 대한 평가 및 예방조치 실행

부적합사항의 발생 방지를 위하여 잠재적 부적합사항의 원인을 제거하기 위한 예방조치가 필요한지를 평가하고, 그 결과 예방조치가 필요하면 예방조치 계획을 수립하고 실행하여 잠재적 부적합사항의 원인을 제거한다.

③ 예방조치의 결과 기록

실행된 예방조치의 결과로 프로그램 수행 절차, 방법 등에 변경이 발생한 경우는 프로그램 계획서 또는 관련 문서 <표 9-3> 프로그램 개선 조치서(예방조치)에 기록하여 부적합사항이 방지되도록 해야 한다.

이상과 같이 프로그램 개선 방법은 프로그램을 보다 효과적으로 실행하고 대상자 만족을 높이기 위한 것이다. 따라서 프로그램 개선은 다음과 같은 단계를 고려해야 한다.

- 개선을 위한 당위성 파악
- 현상 파악
- 분석
- 해결책 수립
- 효과 파악(결과 파악)
- 표준화
- 프로그램 실행의 효율성과 효과성의 평가

연구과제

1. 청소년 프로그램 평가의 목적을 설명하기
2. 프로그램 평가의 시기에 따른 평가의 유형 설명하기
3. 목표중심 평가모형에 대해 설명하기
4. 의사결정중심 평가모형인 스터플빔의 CIPP 평가모형과 커크패트릭의 4단계 평가모형을 설명하기
5. 판단중심 평가모형을 설명하기
6. 논리모형을 설명하기
7. 프로그램 평가도구의 신뢰도와 타당도를 설명하기
8. 청소년 프로그램 평가자의 역할을 설명하기
9. 프로그램 개선의 방법인 시정조치와 예방조치에 대해 설명하기

<표 9-2> 프로그램 개선 조치서(시정조치)

<table>
<tr><td rowspan="2">○○복지 기관</td><td rowspan="2" colspan="3">프로그램 개선 조치서
(시정조치)
(■초기M* □중간M □최종M)</td><td rowspan="2">결재</td><td>담당</td><td>과장</td><td>기관장</td></tr>
<tr><td></td><td></td><td></td></tr>
<tr><td>부적합사항</td><td colspan="7">프로그램 목표설정이 추상적임</td></tr>
<tr><td>조치부서</td><td colspan="7">프로그램개발팀</td></tr>
<tr><td rowspan="2">시정조치 요구사항 (관리자)</td><td colspan="7">프로그램 목표설정을 측정(평가) 가능하도록 재설정 검토</td></tr>
<tr><td>작성일</td><td>2023. 01. 11.</td><td>작성자</td><td colspan="4">관장 홍길동</td></tr>
<tr><td rowspan="4">시정 조치 실행</td><td colspan="7">부적합 원인 분석 결과 :

Assessment 결과 대상자가 가지고 있는 문제(의료, 경제)의 원인이 명확하지 않음</td></tr>
<tr><td colspan="7">조치계획 :

대상자가 가지고 있는 문제의 원인을 재사정 예정</td></tr>
<tr><td colspan="7">조치실행 :

2023. 01. 17. 대상자와 상담을 통해 재사정하여 프로그램 목표를 측정(평가) 가능하도록 재설정함</td></tr>
<tr><td>작성일</td><td>2023. 01. 19.</td><td>작성자</td><td colspan="4">프로그램개발팀 성춘향 사회복지사</td></tr>
<tr><td rowspan="2">조치사항 확인결과 (관리자)</td><td colspan="2">❒ 만족 : 조치가 적절함</td><td colspan="5" rowspan="2">❒ 불만족사항 :</td></tr>
<tr><td colspan="2">❒ 불만족 :</td></tr>
</table>

* M : Monitoring

<표 9-3> 프로그램 개선 조치서(예방조치)

<table>
<tr><td rowspan="2">○○복지기관</td><td rowspan="2">프로그램 개선 조치서
(예방조치)
(■초기M* □중간M □최종M)</td><td rowspan="2">결
재</td><td>담당</td><td>과장</td><td>기관장</td></tr>
<tr><td></td><td></td><td></td></tr>
<tr><td>잠재적
부적합사항
(관리자)</td><td colspan="5">프로그램 장소에 프로그램 진행상 비치된 의자상태가 불안정하여 대상자의 낙상 위험이 우려됨</td></tr>
<tr><td>잠재적
부적합사항
출처
(관리자)</td><td colspan="5">시설비품점검표</td></tr>
<tr><td>예방조치
요구사항
(관리자)</td><td colspan="5">불량인 의자를 보수하거나 구입교체 필요함</td></tr>
<tr><td>원인분석
(담당 복지사)</td><td colspan="5">주 1회 시설비품점검이 주기적으로 실시되지 않고 있음</td></tr>
<tr><td>예방조치
계획
(담당 복지사)</td><td colspan="5">시설비품 점검을 주 1회 누락 없이 점검하고 불량인 의자는 보수가 불가하여 구입 예정임</td></tr>
<tr><td>예방조치
실행
(담당 복지사)</td><td colspan="5">2023. 01. 30. 의자 3개 구입 교체함</td></tr>
<tr><td>유효성
평가
(관리자)</td><td colspan="5">프로그램 진행 시 대상자의 낙상 위험이 없을 것으로 평가함</td></tr>
</table>

* M : Monitoring

제10장 청소년 프로그램 공모 사례

▮ 학습목표

1. 청소년 프로그램 공모사업 사례를 설명할 수 있다.
2. 학교연계 청소년활동 운영 사례를 설명할 수 있다.
3. 청소년 자기주도형 봉사활동 우수사례를 설명할 수 있다.

1. 청소년 프로그램 공모사업 사례[1]

청소년 프로그램 공모사업은 여성가족부가 주최하고 한국청소년활동진흥원이 주관하는 사업으로, 청소년 프로그램 공모를 통해 청소년활동 프로그램 예산 및 운영을 지원함으로써 신규프로그램 개발을 유도하고 운영 우수사례를 보급하여 청소년활동 활성화를 도모하고자 하는 사업이다. 다음은 2023년 우수프로그램 선정 결과 학교연계활동 영역에서 최우수상을 수상한 대방청소년문화의집의 "프로 N잡러의 시대, 나만의 '부캐' 찾기 프로젝트 – 이번. 생엔. N잡러!" 프로그램을 제시한 것이다.

---

1) 여성가족부・한국청소년활동진흥원(2023). "2023년 청소년 프로그램 공모사업 사례집"에서 일부 발췌하여 정리함.

1) 참가대상

중학교 1~3학년

2) 참여인원

연인원 510명, 캠페인 등 일회성 행사 추가 인원 1,521명

3) 주요 내용

- PART 1 미래인재 이해하기
- PART 2 아이디어 도출 & 계획
- PART 3 창업 아이템 제작 & 홍보
- PART 4 부캐 창업경진대회 & N잡 토크콘서트

4) 프로그램 목적 및 목표

빠르게 변화하는 직업 환경에 유연하게 대처하기 위해, 자유학년제를 맞이한 청소년들을 대상으로 개인의 흥미와 적성을 바탕으로 한 주도적 창업 활동을 제공함으로써 청소년의 진로 개발 및 창업가정신 역량을 향상하여 스스로 건강한 미래를 설계한다.

5) 주요 프로그램 내용

회 기 (소요시간)	주요 프로그램 내용 개요	중점(특이)사항
1회기 (2시간)	• [N잡러] 이해하기 – 오리엔테이션, 다양한 ‘N잡 시대’로 보는 미래인재 필요 역량 알기 – 미래인재 필요 역량 알기	• 참여형 특강

2회기 (2시간)	• [미래의 나] 이해하기 - 나의 강점찾기(DISC 행동유형 진단) 비전 맵(스토리보드), 인생지도 그리기	• 청소년들이 선호하는 자아탐색 검사로 대체 가능
3회기 (2시간)	• 빅데이터 활용한 [아이디어] 도출 - 사회적 문제와 관심사를 연결한 창업 아이디어 도출	• 팀 작업(관심사 및 창업방향에 따라 팀 배분)
4회기 (2시간)	• [스타트업] 계획서 작성 - 비즈니스모델캔버스 작성을 통한 구체적 계획 수립	
5회기 (2시간)	• 창업 아이템 제작 (1) - 최소기능제품 제작	• 테스트 작품 제작 후 상호 간 피드백 진행
6회기 (2시간)	• 창업 아이템 제작 (2) - 브랜드 소개서 제작	• 테스트 작품 제작 후 상호 간 피드백 진행
7회기 (2시간)	• 홍보・마케팅 - 마케팅 트렌드(오픈마켓, 크라우드펀딩, 라이브커머스, SNS마케팅) 이해하기	• 브랜드의 제품 및 서비스에 따라 효과적인 홍보전략을 수립하고 선호하는 방법 선택하여 홍보 진행
8회기 (2시간)	• 브랜드 전략 공유회 - 팀별 제작 작품 소개, 나의 진로계획, 부캐 활용법 스피치	• PT발표자료 브랜드별 준비
9회기 (2시간)	• 부캐 창업경진대회 - 청소년, 지역주민 대상으로 '팀별 창업아이템' 설명과 투표(펀딩) 진행 - 창업 아이템을 직접 체험할 수 있는 부스 운영	
10회기 (2시간)	• N잡 토크콘서트 - N잡을 실현한 멘토들의 사례공유 토크콘서트, 질의응답 및 자유토크	

6) 프로그램 특성화 및 차별화

첫째, 청소년프로그램 공모사업 최초로 'N잡러' 주제의 프로그램을 운영하였음. 기존의 진로교육은 청소년의 진로・직업을 탐색하고 그와 관련된 직업군에 대한 단순 체험활동을 제공하는 한계가 있었지만, 본 프로그램의 주제는 '나의 관심사는 내가 원할 때 언제든 N잡을 실현할 수 있는 도구가 된다.'의 모토에서 시작해 셀프브랜딩의 중요성, 진로의 다양성 및 유연성 등에 대해 집중했다는 점에서 진로체험활동의 새로운 패러다임을 제시하였음

둘째, 7,161명의 지역주민들이 참여한 지역 내 대규모 축제(동작 미래과학페스티벌)와 협업하여 '부캐 창업경진대회(21개팀)'와 'N잡 토크콘서트'를 운영함으로써 청소년들의 아이디어와 브랜딩을 주민들에게 선보일 수 있었고, 더불어 공모사업과 본 프로그램의 홍보 효과 또한 뛰어났음. 실제로 프로그램에 대한 참가 문의가 많고, 청소년들의 만족도가 높아 차후년도에는 확대하여 운영하고자 함

셋째, 단회기성 창업교육이 아닌 '기획－제작－홍보－펀딩' 의 과정을 모두 체험할 수 있도록 운영되었음. ① 미래사회 인재에게 필요한 역량 이해하기, ② 빅데이터를 활용하여 사회적 현상을 기반으로 한 창업 아이디어 도출하기, ③ 창업 아이템 제작과 브랜딩, ④ 청소년 부캐 경진대회 등을 통한 지역사회 공유 등 추후 실제 창업까지 이루어질 수 있는 선순환구조를 구축하였음

넷째, 빅데이터를 통해 사회적인 이슈를 분석하고 아이디어를 도출해 냄으로써 단순 물품 제작이 아닌 실효성이 있는 브랜딩이 될 수 있도록 하였음. 또한 사회에 긍정적인 영향을 미칠 수 있도록 지속 가능한 발전을 겸비한 활동을 제시하였음

〈2023년 '이번 생엔 N잡러!' 브랜딩 예시〉

- 트렌디실크 : 반려인구 증가에 따른 반려견과 반려인의 커플아이템(목도리 등) 브랜드
- 언제로쿠키 : 청소년 당 섭취 증가에 따른 제로슈거 디저트 브랜드
- 별하 : 청소년 자존감 증진을 위한 긍정적 메세지를 담은 캐릭터숍
- 추억의 전통놀이 : 사라져가는 전통놀이를 트렌디하게 재구성한 브랜드

7) 기대효과

- 자유학년제 청소년들에게 진로 및 자아탐색의 기회를 제공함으로써 진로설계 시 자기주도적인 진로계획을 수립할 수 있다.
- 급변하는 직업세계에서 요구되는 역량에 대해 인지하여 자신만의 아이디어를 바탕으로 새로운 가치를 지속적으로 창출해 낼 수 있다.
- 창업가정신 역량을 향상함으로써 유연한 사고를 바탕으로 산업구조에 대응할 수 있다.

2. 학교연계 청소년활동 운영 사례[2]

학교연계 청소년활동 운영 사례는 한국청소년활동진흥원에서 지역별 학교연계 청소년활동 우수기관 공모를 통해 선정하고, 학교－청소년시설 연계활동 우수 운영기관 선정 및 타 시설 대상 학교연계활동 확산을 위해 실시하는 것으로, 다음은 분당야탑청소년수련관의 "청소년 특허 탐구생활" 프로그램을 제시한 것이다.

1) 대상

고등학교 1학년

2) 연계 형태

창의적 체험활동(동아리)

2) 한국청소년활동진흥원(2023). "학교연계 청소년활동 운영 사례집"에서 일부 발췌하여 정리함.

3) 활동 목표

- 청소년 주도 아이디어 창출과 실생활 문제해결 능력 함양
- 지식재산권의 일상 생활화 인식 확산 및 창의발명인재 조기 발굴

4) 학교연계활동 개발 · 운영 과정

(1) 내 · 외부 환경 분석

- 기술 · 가정 교과목을 중심으로 초등~고등까지 교급별로 공통적으로 발명 · 지식재산 교육이 포함되어 있으나 현장 보급률은 떨어짐
- 인간 고유의 능력인 '창의성'을 갖춘 인재 양성의 필요성 대두
- 국가정책 방향 변화 및 고른 기회 제공을 위해 대상 확대 운영

(2) 학교교육 연계 프로그램 기획

- 청소년 주도 지식기반 프로젝트 개발
- 학교연계 활동 운영을 위한 추진체계 마련(지도사－변리사－교사)
  * 대한변리사회 소속 변리사 추천 및 선정
- 효과적인 아이디어 발굴 및 특허출원 · 등록을 위한 교육 커리큘럼 구성 및 자료 선정
- 참여학교 모집 및 선정, 세부 사항 조율

(3) 지역 네트워크 연계 · 구축

- 지역 전문가(변리사 프로보노 활동), 마을 활동가와의 연계를 통한 청소년 중심의 지원적 · 협업적 인프라 구축

(4) 관내 학교 수업 연계 운영

- 관내 고등학교 연계 동아리활동 운영을 통해 지식경쟁력을 갖춘 창의적 인재 양성
- 지식재산 관련 지식 공유 → 생활 속 문제 발견 → 특허 출원 과정 이해 → 아이디어 세부 기획 → 아이디어 시제품 3D 시각화 → 특허 출원 및 등록

(5) 프로그램 평가 · 환류

- 특허 출원 및 등록 지속관리, 상시 모니터링
- 참여 청소년 대상 만족도 조사 실시
- 지도자 및 관계자 간 평가회의

5) 회기별 운영내용

회 기	세부 내용
1회기	• 디자인 씽킹 – 생활 속 문제발견을 통한 해결책 나누는 과정 교육 – 디자인 씽킹의 창의적 문제해결법 프로세스 이해와 활용 – 조별 디자인 씽킹 프로세스 진행
2회기	• 특허 아이디어 기획 – 조별 아이디어 구상 – 조별 구성원의 창의력과 협업을 기반한 아이디어 세부 내용 기획
3회기	• 특허 출원 교육 – 지식재산권(특허) 이해 교육 – 특허 출원 방법과 과정 알기 – 특허 등록 전략을 통한 아이디어 창출
4회기	• 특허 포트폴리오 분석 – 특허 출원 및 등록 사례 공유 – 아이디어 초안 작성 및 예시 소개

5회기	• 아이디어별 컨설팅 및 특허출원 명세서 작성 – 변리사 주관 조별 아이디어 컨설팅 및 아이디어 특허화 과정 – 발명 신고서 작성 실습 – 동종/이종 특허 문헌 검색 및 활용법 안내 – 선행기술 자료 기반 아이디어 검토 및 해결 방법 모색 * 교사–지도사–변리사 평가회의를 통해 특허 출원 가능성이 높은 우수 아이디어 선정
6회기	• 특허 출원 명세서 작성 – 특허 출원 명세서 작성 및 특허 도면 구성요소 확인 – 발명의 명칭, 배경 기술, 내용 등 청소년의 아이디어가 제대로 담길 수 있도록 청소년 주도 작성 및 검토
7회기	• 특허 출원 명세서 완성 – 특허 출원을 위한 최종점검 : 전체 명세서 내용 및 확인 – 특허 출원
8회기	• 3D 모델링 – 아이디어 시각화를 위한 3D 모델링 및 프린팅 기초 – 틴커캐드를 활용한 사용법 익히기
9회기	• 3D 프린팅 – 아이디어 시제품을 위한 3D 모델화와 프린팅을 통한 시각화 제작

6) 지역 네트워크 연계 · 구축

- 지식경쟁력을 갖춘 창의적 인재 양성을 위한 지역사회 인프라 구축
- 기업 · 청소년기관 · 교육기관 등 청소년 중심의 지원적 · 협업적 플랫폼 구성
- 변리사 프로보노 활동 연계를 통한 사회공헌활동 프로젝트 모델 실현

구 분	주요 역할		네트워킹 방법
대한변리사회	지역전문가	• 참여 변리사 추천 • 무료 교육 지원	업무협약 체결
인사이드 특허법률사무소		• 지식재산권 및 특허 출원 교육 및 아이디어 컨설팅 • 특허 출원 명세서 검토 및 조정 • 지식재산권(특허) 관리업무(특허 출원, 심사, 등록, 유지)	협회추천 및 연계 프로그램 확대

성남시진로멘토단 시옷인스티튜트	마을활동가	• 디자인 씽킹 교육	직업인 멘토 모집 및 관리
성남테크노고등학교 성일정보고등학교 성남금융고등학교	2018년~ 2022년 참여학교	• 동아리 구성 및 운영, 참가 청소년 필요 역량 교육 지원 • 청소년 진행 상황 점검 및 피드백 • 청소년 참여 독려	성남시 특성화고 협의체 연계 프로그램 홍보 및 지속 네트워크 운영
분당대진고등학교	2023년 참여학교		신규 발굴, 프로그램 효과성 기반 홍보

• 학교 사전 협의 내용

협의 사항	협의 내용
참가자 모집	아이디어 제시와 특허 출원에 관심도가 높은 청소년으로 모집
특허 출원 목표	• 아이디어 구상 과정에서 최대 출원 개수 확인 • 실현가능성 등을 고려하여 아이디어 구체화 과정에서 참여학교, 수련관, 변리사 협의를 통해 최종 출원 목표 설정
특허 출원비	• 지식재산권(특허) 출원, 심사, 등록 및 유지를 위한 관리업무 위임 비용 사전 협의, 협의된 내용 학교 안내 * 특허 출원 비용 수련관(50%), 학교(50%) 부담
지원 사항	• 프로그램 기획 및 교육비, 운영비 등 수련관 지원
역할 분담	• 변리사 피드백 이후 참여 청소년 과제 부여-수행-최종 완료 단계까지 담당 교사의 점검 역할 필요 • 매 회차 강의 종료 후 3자(변리사, 교사, 청소년지도사) 평가회의 운영

• 학교 교육과정 연계 방법

구 분	방 법
교과 연계	• 지식재산 일반 : 고등학교 1~3학년 융합 선택 과목 • 중·고등학교 기술·가정, 초등학교 실과 과목
동아리 연계	• 프로젝트 특성에 맞는 고등학교 동아리 연계 (창업, 발명, 공학 프로그래밍, 코딩 동아리 등)
기존 연계 프로그램과 융합	• 코딩교육 ⇨ 지식재산기반 청소년 프로젝트로 업그레이드 • 코딩교육 후 교육 내용 기반 아이디어 발굴 프로젝트로 확장 운영

7) 프로그램 평가

- 평가 목표
  - 프로그램 참가자 대상 세부 목표 효과 도달(프로그램 만족도 등)
  - 사업 진행 과정의 객관적 평가를 통한 문제해결과 질적 개선 효과
  - 설문 결과 분석을 통한 지속적 사업반영 기초자료 활용

- 평가 방법

구 분	평가 주체	평가 항목	평가 방법
사전평가	청소년	프로그램 사전욕구 및 흥미 파악	인터뷰
사후평가	청소년	만족도 조사	설문지 사용
	지도자	사업 결과의 적정성 및 수준 평가 차후 발전 가능성 여부	지도자 및 관계자 평가회의

8) 추진성과

- [2018년~2022년] 청소년 특허 등록 3건 달성 및 특허 출원 7건 확보

구 분	2018년	2019년	2020년	2021년	2022년
특허 등록			제1호	제2호	제3호
			가방용 우산걸이	창문 잠금장치	분리형 용기
특허 출원	3건(4건 중)	1건(12건 중)	1건(5건 중)	0건(5건 중)	2건(4건 중)
	• 가방용 우산걸이 • 물 계량 기능 갖는 라면봉지 • 과자봉지	• 창문 잠금 장치	• 분리형 샴푸통	–	• 발표용 책상 • 버스 승객 탑승 공간 확장

- [2023년] 청소년 주도 실생활 문제해결 아이디어 발굴 18건

구 분	내 용	
1조	①	줄자가 달린 샤프
	②	색이 있는 투명 수정 테이프
	③	볼펜 딸깍 누르는 소리가 안 나는 펜
	④	책 펼 때 평평하게 조정해 주는 기구
2조	①	와이퍼 고글(안경)
	②	안경다리에 일회용 칼날이 내장되어 있는 호신용 안경
	③	안경렌즈가 파란색인 식욕 감퇴 안경
3조	①	잘 눌리는 노트 스프링
	②	권총처럼 다이얼을 돌려서 사용하는 샤프
	③	칼날 옆쪽에 실리콘을 단 베임 방지 커터칼
4조	①	딱풀처럼 돌리면 나오는 컴퓨터용 사인펜
	②	바로 잉크가 마를 수 있도록 바람이 나오는 컴퓨터용 사인펜
	③	구조 신호를 보낼 수 있는 컴퓨터용 사인펜
5조	①	에어백이 터지고 몇 초 후 자동으로 구멍이 뚫리는 질식 방지 에어백
	②	세단, SUV 슬라이딩 도어 설치
	③	안개 상황 시 운전자가 못 보는 전방 물체와 충돌을 방지하는 열 센서 기능
6조	①	책상 밑에 기울임을 감지하는 센서를 달아 책상 수평을 유지해 주는 장치
	②	심리상태에 따라 불멍처럼 초현실주의를 입체적으로 표현하여 편안함, 예술적 영감을 주는 3D 프로그램

- [2023년] 대학원 논문 등재 노력 수준의 특허출원 진행 1건

발명의 명칭	나선형 코일 형상의 샤프심 공급실을 가지는 샤프펜슬

3. 청소년 자기주도형 봉사활동 우수사례[3)]

청소년 자기주도형 봉사활동은 청소년이 지역사회에 나타나는 문제점을 스스로 조사・분석하고, 그 문제를 해결하기 위해 주도적으로 봉사활동 프로그램을 계획, 실행, 평가까지 하는 봉사활동이다. 청소년 자기주도형 봉사활동은 자발성, 문제의식, 창의성, 현실 인식, 책임감, 과제관리, 소통・협력의 마음이 필요하다. 다음은 여성가족부, 한국청소년활동진흥원, 청소년활동진흥센터에서 발간한 2023년 청소년 자기주도형 봉사활동 우수사례집에서 우수상을 수상한 우리누리청소년문화센터의 "디지털교육봉사단 상상이상" 프로그램을 제시한 것이다.

1) 활동 내용

메타버스 구축 및 환경, 4차산업 체험활동 등

2) 운영 결과

- 추진 성과 및 사업 효과
- 추진 성과 : 목표

구 분	목 표	성 과
정량지표	- 상상이상 운영횟수 7회 - 참가인원 477명 - 메타버스 1개 공간 구축	- 상상이상 운영횟수 11회 - 참가인원 628명 - 메타버스 1개 구축 100% 달성
정성지표	- 봉사자 만족도 매우 만족 90% - 메타버스 원리 알고 실생활에 적용 90%	- 봉사자 만족도 매우 만족 100% 달성 - 메타버스 원리 알고 직접 만들 수 있다 100% 달성

3) 여성가족부・한국청소년활동진흥원・청소년활동진흥센터(2023). "2023년 청소년 자기주도형 봉사활동 우수사례집"에서 일부 발췌하여 정리함.

– 운영횟수 및 인원 : 오픈채팅방을 이용하여 각자 일정을 공유한 뒤 모두 참여가 가능한 날을 투표로 정하여 다음 일정을 정하는 것으로 하여 봉사단 일정이 가능한 날 추가로 운영하여 진행함으로써 운영 횟수와 참여 인원 목표 달성 가능

– 일반참가자 관리 : 학교연계사업 진행 시 병행 운영하였으며 봉사단은 온라인 메타버스로 접속이 가능하여 온・오프라인을 동시 운영이 가능하도록 함

– 메타버스 구축 : 메타버스 작업 시 11명 모두에게 각자의 구역을 배당한 다음 구축하도록 하여 짧은 시간이지만 우리누리 가상공간 메타버스를 구축할 수 있었음

• 추진 성과 : 지역사회 및 홍보결과

번호	목 표	추진 내용	성과
1	지역사회 연계	마산서중학교 연계 메타버스 시범운영 : 7. 20.(목)	1회 40명
2		생각바다 드론, 코딩기기 물적기부 : 7. 22.(토)	드론 증 20개 교구 지원
3		창원용호풀잎문화센터 : 7. 22.(토)	파우치 제작용 재봉틀 2대 지원
4		봉곡중학교 연계 메타버스 시범운영 : 8. 28.(월)	1회 100명
5	홍보결과	네이버밴드 소통e 메타버스 홍보	2회 / 밴드회원 143명
6		네이버밴드 상북초등학교 마을학교와 연계하여 메타버스 홍보	2회 / 밴드회원 274명
7		현수막 업사이클링 상상이상 봉사단 참가자 활동수기 창원시설공단 사보에 게재	9월 사보
8		현수막 업사이클링 영상 제작 후 밴드 소개	1회 / 밴드회원 143명

• 사업 효과
- 우리누리 가상공간 메타버스 구축으로 지역청소년들에게 다양한 4차 산업 교육 및 환경 프로그램을 제공 예정
  ▸ 우리누리 가상공간 메타버스 바로 가기 https://zep.us/play/yWjObv
  ▸ 산호초, 봉곡중, 상북초, 여수룬지역아동센터 / 10월 ~ 11월 활동 실시
- 대면활동 전 메타버스에서 활동하며 안전 및 영상교육, 미니게임 등을 통해 활동에 대한 워밍업 실시함으로 참여자 동기부여 제공
- 시·공간에 제한 없는 청소년활동장으로 우리누리 자체행사 및 지자체 행사 참여 시 우리누리 메타버스 병행하여 운영하기로 함
  ▸ 창원시 틴틴페스티발 / 11. 4.(토) / 우리누리 메타버스 및 4차산업 체험 부스 운영 예정
- 형식적인 메타버스 구축이 아닌 청소년들이 직접 만든 메타버스 공간이라는 것에 큰 의미가 있으며 본 활동에 참여한 봉사자들이 본 활동을 통해 습득한 4차산업 체험 스킬로 자체 메타버스 구축, 메타버스를 이용한 체험부스 활동을 직접 하고 있음
- 대면 활동 전 메타버스에서 만나 안전교육, 오리엔테이션, 관련 영상, 게임 등을 한 후 대면 프로그램을 진행함으로써 참여자들의 재미와 흥미 참여도를 동시에 이끌어 내며, 모든 세대가 참여 가능한 활동으로 새로운 소통매개체로 자리매김
- 동아리 봉사자 활동 수기 사보 게재를 통해 환경에 대한 소중함을 알리는 계기 마련

• 참가자(팀) 대상 지원 노력
- 예산 부분 : 자부담 1,000,000원 확보하여 전문강사교육, 교육기자재 지원

전문강사 2명을 확보하여 상상이상 동아리 소양교육을 2WAY체제로 운영하여 메타버스 구축 시 모두 참여할 수 있도록 지원함 – A팀 : 메타버스 내 활동장 구성 / 강사 1명당 5명 교육 – B팀 : 메타버스 활동장 꾸미기 / 강사 1명당 6명 교육

– 담당자 노력 : 단위사업 계획수립 및 강사 사역, 장소 확보, 지역 연계 등을 충분히 확보하여 프로그램 운영

▸ 운영 부분 • 오픈채팅방 운영을 통한 월별 단위사업 계획을 수립함으로써 구체적 활동 진행 • 강사소통 및 관리를 통한 참여청소년 활동에 대한 피드백 실시 • 장소확보 : 2층 미래창작활동소 전용공간을 확보하여 상시 활동이 가능 • 기자재 : 노트북 5대, 스탠바이미, 기타 기자재 확보 및 적극 지원 ▸ 지역연계 부분 • 상상이상 봉사단과 지역사회를 연계하여 소통할 수 있는 징검다리의 역할 • 상상이상 봉사단이 만든 메타버스 공간을 지역사회에 공유하여 참여를 희망하는 학교 및 지역아동센터가 필요시에 메타버스 공간을 활용할 수 있도록 안내 • 청소년활동 지도자 강사인력풀 대상으로 청소년활동 진행 시 메타버스를 활용하여 활동할 수 있도록 지원

– 참가자 경험 지원 : 상상이상 봉사단이 4차산업 및 환경에 대한 정보, 활동 등을 계속 지원받을 수 있도록 지원함과 동시에 센터 이용객 대상 메타버스를 홍보하여 참가자 확보를 통한 활동 지원

3) 단계별 활동 내용

• 1단계 1. 문제발견, 선택하기

활동 일정	6. 3.(토)
활동 장소	우리누리청소년문화센터
참여 인원	11명

우리 주변의 문제들	왜 이런 일이 생길까?	이 문제를 해결하기 위해서 우리가 실제로 할 수 있는 봉사활동은 뭘까?
환경문제	• 환경에 대한 인식 부족 • 환경교육 및 체험 부족 • 형식적 활동이 아닌 생활 속과 밀접한 환경 활동이 부족	• 누구나 참여할 수 있는 환경체험 • 생활 속에서 밀접된 환경체험활동이 무엇이 있을까? • 교육을 좀 더 잘할 수 있도록 교육장소를 우리가 만들어 볼까?
디지털 윤리	• 과도한 정보 • 안전하지 못한 온라인 공간	• 디지털리터러시 교육과 체험이 필요 • 청소년 시선에 맞는 온라인 공간 운영을 만들어 볼까?
코로나19 이후 청소년들의 경험, 디지털교육 격차 심각	• 다양한 체험의 기회 부족 • 4차산업 체험활동의 경험 부족	• 다양한 디지털 체험 교육 • 재미있는 4차산업 체험 우리가 해보자 • 언제 어디서나 누구나 참여가 가능하게 하자

• 1단계 2. 사전 준비하기

활동 일정	6. 3.(토)
활동 장소	우리누리청소년문화센터
참여 인원	11명

봉사활동명	디지털교육봉사단 상상이상

질 문		대 답
어떤 봉사활동을 할 것인가? 목표는?		디지털과 환경 병행
봉사활동의 대상(수혜자)은 누구인가?		지역청소년
봉사활동 장소는 어디인가?		우리누리 및 온라인플랫폼
마음의 준비	뭐가 제일 힘들까?	참가자 모집, 활동 참가자 시간 조율
	미리 배워둬야 하는 건?	4차산업 전반에 관한 배경지식
봉사활동은 몇 번 할까?		3~4번
봉사활동을 위해 필요한 준비물들은 무엇인가?		노트북, 스탠바이미
사전에 동의/협조가 필요한 곳이 있는가?		-
안전 문제는 확인했나?		사전안전교육 실시
우리가 쓸 수 있는 돈(예산)은?		600,000원
그 외에 준비해야 할 다른 것이 있나?		강사, 기자재 "우리누리지원"
동아리	어디서 언제 모이나? (예 활동센터, 학교, 집 등)	우리누리청소년문화센터, 온라인
	회의는 몇 번? 회의방식은?	월 1회 기본 / 사전 협의하여 탄력적 운영

- 1단계 3. 활동 계획서 작성하기

활동 일정	6. 6.(화)
활동 장소	우리누리청소년문화센터
참여 인원	11명

<table>
<tr><th>활동명</th><td colspan="5">디지털교육봉사단 상상이상</td></tr>
<tr><th>활동 목표</th><td colspan="5">봉사단 활동을 통해 다양한 디지털 교육의 기회를 제공하고 환경 등 시의성에 맞는 활동을 연계하여 지역청소년들의 공동체, 민주 의식을 함양</td></tr>
<tr><th>활동 영역</th><td colspan="5">□ 노력 ■ 재능기술 □ 문화예술 및 스포츠 □ 교육 및 상담
□ 행사지원 □ 환경 □ 캠페인 □ 기타( )</td></tr>
<tr><th>활동 방식</th><td colspan="5">□ 대면 □ 비대면 ■ 혼합형(대면+비대면)</td></tr>
<tr><th>활동 기간</th><td colspan="3">6월~8월</td><th>활동 횟수</th><td>7회</td></tr>
<tr><th>봉사 장소</th><td colspan="5">우리누리 및 온라인플랫폼</td></tr>
<tr><th>봉사 대상
(수혜 대상)</th><td colspan="5">지역청소년</td></tr>
<tr><th>봉사 인원</th><td colspan="5">□ 개인 □ 가족(명) ■ 동아리(11명) □기타 (총 명)</td></tr>
<tr><th rowspan="9">활동 계획</th><td rowspan="8">세부
활동
계획</td><th>활동일정
(월/일)</th><th>활동 내용</th><th>활동
장소</th><th>활동
시간</th></tr>
<tr><td>6. 3.</td><td>- 봉사활동 프로그램 방향 설정 및 기획
- 4차산업, 환경, 자기주도봉사 교육</td><td rowspan="7">우리
누리
온라인
플랫폼</td><td>2</td></tr>
<tr><td>6. 24.</td><td>- 디지털 지구 메타버스 구축
- 교육지도안 작성</td><td>3</td></tr>
<tr><td>7. 1.</td><td>- 온・오프라인 체험 1 메타버스와 환경</td><td>4</td></tr>
<tr><td>7. 22.</td><td>- 온・오프라인 체험 2 메타버스와 환경</td><td>4</td></tr>
<tr><td>8. 5.</td><td>- 온・오프라인 체험 3 메타버스와 4차산업</td><td>4</td></tr>
<tr><td>8. 12.</td><td>- 온・오프라인 체험 4 메타버스와 4차산업</td><td>4</td></tr>
<tr><td>8. 29.</td><td>- 미래를 향한 청소년 꿈의 공간 만나기
- 활동 평가</td><td>2</td></tr>
<tr><td>소요
예산</td><td colspan="4">600,000원</td></tr>
</table>

• 2단계 활동 기록하기

활동명	나는 상상인
활동 일정	6. 3.(토)
활동 장소	우리누리청소년문화센터 및 온라인
참여 인원	동아리 11명

활동 내용	봉사활동 프로그램 방향설정 및 기획, 4차산업, 환경, 자기주도봉사교육 전반적인 이해, 메타버스 젭 설치 및 회원가입, 관리자자격 부여받기

잘된 점 / 아쉬운 점	잘된 점 방향 설정에 대한 동기부여가 되었다. 아쉬운 점 함께 하는 시간이 짧았으며 서로 어색해함

활동명	나는 지구인
활동 일정	6. 6.(화)
활동 장소	우리누리청소년문화센터 및 온라인
참여 인원	동아리 11명, 사전테스트 참가자 20명

활동 내용	– 메타버스 구축 및 시범테스트 : 네이버 젭 이용하여 메타버스 구축 – 1단계 : 우리누리 센터와 비슷한 건물선택, 도형 옮기기 통해 외관 건축

잘된 점 / 아쉬운 점	잘된 점 메타버스 구축 후 우리 센터를 이용하는 청소년들을 대상을 사전테스트 실시 후 보완 아쉬운 점 사전테스트이지만 원활하게 진행되지 못함, 모임 날짜 탄력적 운영

활동명	나는 환경인
활동 일정	7. 1.(토)
활동 장소	우리누리청소년문화센터 및 온라인
참여 인원	동아리 11명

활동 내용	- 메타버스 보완, 환경을 주제로 한 시설 보완, 7월 운영 일정 논의 - 2단계 : 2개 팀으로 나누어 메타버스 외관 꾸미기, 실내공간 만들기(3층)

잘된 점 / 아쉬운 점	잘된 점 각자 우리누리 시설을 구분하여 서로 해야 할 부분에 대해 역할을 나누어 진행함으로써 동시에 각 장소의 특징이 있는 우리누리 메타버스를 구축할 수 있었음 아쉬운 점 서로 역할을 잘 나누어 큰 문제 없이 진행

활동명	나는 환경인
활동 일정	7. 20.(목)
활동 장소	우리누리청소년문화센터 및 온라인
참여 인원	동아리 11명, 메타버스 참가자 40명

활동 내용	메타버스 체험활동 : 메타버스에 들어와 보기, 미니게임 참여 / 환경 활동

잘된 점 / 아쉬운 점	잘된 점 기관 방문 청소년들을 대상으로 메타버스교육 및 체험활동을 휴식, 점심시간 등을 이용하여 운영하여 재미와 흥미, 환경에 대한 소중함을 생각하는 인식 개선 아쉬운 점 운영시간이 짧음, 관심이 없는 참가자들을 참여시킬 수 있는 방법에 대한 노하우

활동명	나는 환경인
활동 일정	7. 22.(토) / 오전
활동 장소	우리누리청소년문화센터 및 온라인
참여 인원	동아리 11명, 메타버스 참가자 39명
활동 내용	– 3단계 : 메타버스 내 환경관련 교육장소 및 교육자료 영상 게시 – 비대면 : 메타버스 속에서 환경 공부하기 – 대면 : 환경 체험 현수막으로 백팩 및 파우치 만들기
잘된 점 / 아쉬운 점	잘된 점 폐현수막을 이용한 텀블러 파우치만들기를 통해 환경교육과 환경실천의 소중함을 동시에 경험, 처음 본 친구들도 메타버스에서 서로 인사하고 미니게임, 시설소개 등을 통해 서로 친해질 수 있는 기회를 자연스럽게 만듦 아쉬운 점 대면과 비대면이 동시 진행되어 아쉬운 점이 없음

활동명	나는 지구인+환경인
활동 일정	7. 22.(토) / 오후
활동 장소	우리누리청소년문화센터 및 온라인
참여 인원	동아리 6명, 2차 참가자 120명
활동 내용	메타버스 속에서 환경 공부하기, 환경 체험 현수막으로 백팩 만들기, 4차 산업 체험 로봇과 예술작품 그리기
잘된 점 / 아쉬운 점	잘된 점 4차산업 체험을 센터를 이용하는 참가자들에게 알려줌으로써 디지털 격차 해소, 앞으로도 우리누리 메타버스를 계속 참여할 수 있도록 함

활동명	나는 생각인
활동 일정	7. 29.(토)
활동 장소	우리누리청소년문화센터 및 온라인
참여 인원	동아리 11명, 참가자 100명
활동 내용	- 메타버스 내 보완작업 - 4단계 수영장, 북카페 위치표시 등 각 층별 표시 및 인테리어 보완
잘된 점 / 아쉬운 점	잘된 점 시범운영으로 메타버스에 부족한 부분을 보완하는 시간 마련 아쉬운 점 메타버스 입구에 우리누리 시설소개 정보를 만들어 참가자들이 우리누리를 이해할 수 있도록 하지 못한 점

활동명	나는 지구인
활동 일정	8. 26.(토)
활동 장소	우리누리청소년문화센터 및 온라인
참여 인원	동아리 11명
활동 내용	메타버스와 환경 5단계 : 대면과 비대면을 동시 진행해 보기
잘된 점 / 아쉬운 점	잘된 점 메타버스 속에서 환경을 공부하고 만날 수 있는 공간구성. 드론을 하면서 서로 발표하는 시간 마련 아쉬운 점 서로 친해지는 시간을 통해 잘 진행됨

활동명	나는 환경인
활동 일정	8. 28.(월)
활동 장소	봉곡중학교 및 온라인
참여 인원	동아리 11명, 봉곡중학교 100명

활동 내용	6단계 메타버스 시범운영 : 모두 메타버스로 들어와서 미니게임 도전하고 환경 관련 영상보기 미션, 환경 O/X게임

잘된 점 / 아쉬운 점	잘된 점 청소년들이 상시로 체험하고 경험할 수 있는 온라인 공간 구축을 직접 해봄으로써 피드백을 바로 받아 수정 및 보완이 가능하도록 하여 문제없이 잘 진행 아쉬운 점 평일 진행으로 상상이상 봉사단 혼합형으로 참가했는데 서로 소통이 잘 안 됨

활동명	나는 생각인
활동 일정	9. 21.(목)
활동 장소	상북초등학교 및 온라인
참여 인원	동아리 11명, 상북초 19명

활동 내용	메타버스 시범운영 : 7단계 우리누리 입구, 3층 공간, 체육관 보완

잘된 점 / 아쉬운 점	잘된 점 초등학생들이 참여하기 쉬운 메타버스인지 검증할 수 있는 기회 마련 아쉬운 점 초등학생들이 쉽게 참여할 수 있도록 사전 안내문이나 종이로 볼 수 있는 이용 방법 작성이 필요

활동명	나는 주인공
활동 일정	9. 23.(토)
활동 장소	우리누리청소년문화센터 및 온라인
참여 인원	동아리 11명, 일반청소년 89명

활동 내용	미래를 향한 꿈의 공간 만나기 : 메타버스에서 함께 시간 보내기

잘된 점 / 아쉬운 점	잘된 점 - 청소년들이 상시로 체험하고 경험할 수 있는 온라인 - 온라인 공간 완성 및 평가회로 서로 마무리할 수 있는 시간을 충분히 가짐 아쉬운 점 너무 잘해서 없어요.

• 3단계 1. 활동 평가하기

활동 일정	7. 22.(토) 오전
활동 장소	우리누리청소년문화센터, 온라인
참여 인원	동아리 11명, 1차 참가자 38명

잘된 점 / 아쉬운 점	잘된 점 환경에 대한 교육을 메타버스로 알고 직접 체험한 것, 영상 제작, 폐현수막을 이용한 텀블러 파우치 만들기를 통해 환경교육과 환경실천의 소중함을 동시에 경험, 처음 본 친구들도 메타버스에서 서로 인사하고 미니게임, 시설소개 등을 통해 서로 친해질 수 있는 기회를 자연스럽게 만듦 아쉬운 점 바느질이 힘들어요, 대면과 비대면이 동시 진행되어 아쉬운 점이 없음

향후 개선방법	부스 활동 참여자 선정 시 바느질 작업에 대한 대처방법 고민

지도자 피드백	환경을 주제로 텀블러 파우치를 직접 만들고 이를 통해 서로 나누는 시간을 가지게 한 것이 좋았습니다.

활동 일정	7. 22.(토) 오후
활동 장소	우리누리청소년문화센터, 온라인
참여 인원	동아리 6명, 2차 참가자 120명

잘된 점 / 아쉬운 점	잘된 점 디지털교육에 대한 이해, 4차산업 체험을 센터를 이용하는 참가자들에게 알려줌으로써 디지털 격차 해소, 앞으로도 우리누리 메타버스를 계속 참여할 수 있도록 함 4차산업 체험과 함께 코딩 등을 배운 것 아쉬운 점 없음. 오늘은 굿굿

향후 개선방법	대면과 비대면 병행한 활동 방법 모색

지도자 피드백	사전 조사를 통해 4차산업 체험에 대한 다양한 활동을 운영해 보는 것도 좋을 것 같아요.

활동 일정	7. 29.(토)
활동 장소	우리누리청소년문화센터, 온라인
참여 인원	동아리 11명, 참가자 100명

잘된 점 / 아쉬운 점	잘된 점 시범운영으로 메타버스에 부족한 부분을 보완하는 시간 마련 아쉬운 점 메타버스 입구에 우리누리 시설소개 정보를 만들어 참가자들이 우리누리를 이해할 수 있도록 하지 못한 점

향후 개선방법	방명록, 입구 정보 만들기, 이를 위한 역할 분담 및 보완작업 하기

지도자 피드백	바로 개선하는 모습이 보기 좋았습니다. 상대의 입장이 되어서 무엇인가를 생각하는 것은 좋은 것 같습니다.

활동 일정	8. 26.(토)
참여 인원	동아리 11명

잘된 점 / 아쉬운 점	잘된 점 메타버스가 어느 정도 모양을 갖추어 나가게 되었고 영상작업 등을 통해서 업그레이드 한 것, 메타버스 속에서 환경을 공부하고 만날 수 있는 공간구성, 드론을 하면서 서로 발표하는 시간 마련 아쉬운 점 오늘은 잘 운영된 것 같아 없어요.

향후 개선방법	대면참가가 힘들 경우 사전 이야기해서 온라인에 들어와서 활동에 대한 피드백을 확인하자.

지도자 피드백	개인 참여 형태를 사전에 확인할게요.

활동 일정	8. 28.(월)
참여 인원	동아리 11명, 일반 100명

잘된 점 / 아쉬운 점	잘된 점 봉곡중학교 학생들이 시간 안에 들어와서 미니게임도 하고 메타버스에 대해 이야기한 것, 청소년들이 상시로 체험하고 경험할 수 있는 온라인 공간 구축을 직접 해봄으로 피드백 바로 받아 수정 및 보완이 가능하도록 하여 문제없이 잘 진행 아쉬운 점 인원에 비해 활동내용이 부족. 일의 진행을 위해 상상이상 봉사단 혼합형으로 참가했는데 서로 소통이 잘 안 됨

향후 개선방법	많은 사람들이 동시에 들어왔을 때 운영 방법

지도자 피드백	타임별 입장 시간 운영에 대해 고민해 보아요.

활동 일정	9. 21.(목)
참여 인원	동아리 11명, 일반 19명

잘된 점 / 아쉬운 점	잘된 점 초등학생의 시선에서 수정한 메타버스 아쉬운 점 잘 진행되었으나 초등학생들이 쉽게 참여할 수 있도록 사전 안내문이나 종이로 볼 수 있는 이용 방법 작성이 필요

향후 개선방법	다양한 연령대가 동시 입장할 경우 이에 대한 관리 방법이 필요

지도자 피드백	연령대별 사용설명서를 만들어 볼까요?

활동 일정	9. 23.(토)
참여 인원	동아리 11명, 일반 89명

잘된 점 / 아쉬운 점	잘된 점 메타버스를 함께 돌아보며 필요한 부분들을 수정 및 보완 메타버스가 완성이 된 것, 일정 조정을 서로 조율해서 잘한 것 같아요. 청소년들이 상시로 체험하고 경험할 수 있는 온라인 공간 완성 및 평가회로 서로 마무리할 수 있는 시간을 충분히 가짐 아쉬운 점 메타버스 운영 및 평가회가 잘 끝나 없음

향후 개선방법	앞으로도 계속 참여하고 싶어서 동아리 운영방안에 대한 논의

지도자 피드백	상상이상 봉사동아리를 지속적으로 운영해 나가는 방법에 대한 의견수렴 후 운영 예정

• 3단계 2. 봉사활동 보고서 작성하기

활동 주제	■ 자율형	기재 불필요 -	
활동명	디지털교육봉사단 상상이상		
활동 목표	지역청소년의 디지털 격차 해소 및 탄소중립 실천으로 환경감수성 함양		
활동 영역	□ 노력 ■ 재능기술 □ 문화예술 및 스포츠 □ 교육 및 상담 □ 행사지원 □ 환경 □ 캠페인 □ 기타( )		
활동 방식	□ 대면 □ 비대면 ■ 혼합형(대면+비대면)		
활동 기간	6월~9월	활동 횟수	11회
봉사 장소	우리누리청소년문화센터 및 온라인		
봉사 대상 (수혜 대상)	지역청소년 507명		
봉사 인원	□ 개인 □ 가족(명) ■ 동아리(실인원 11명 / 연인원 121명) □기타 (총 명)		

세부 활동 내용

활동일정 (월/일)	활동 내용	활동 장소	활동 인원	활동 시간
6. 3.(토)	[나는 상상人] - 봉사활동 프로그램 방향 설정 - 4차산업, 환경 소양 교육 등	우리 누리 온라인 플랫폼	11	3
6. 6.(화)	[나는 지구人] 디지털 지구 메타버스 구축		11	3
7. 1.(토)	[나는 환경人] 온・오프라인 체험 1 메타버스와 환경		11	4
7. 20.(목)	[나는 환경人] 온・오프체험 1 메타버스와 환경, 시범운영		51	4
7. 22.(토) 오전	[나는 환경人] - 온・오프체험 2 메타버스와 환경 - 현수막 텀블러 파우치, 굿즈 제작 및 영상 촬영		50	4
7. 22.(토) 오후	[나는 생각人] - 온・오프체험 2 메타버스와 4차산업 - 현수막 백팩 굿즈 제작, 4차산업 체험, 드론 등		131	4
7. 29.(토)	[나는 지구人] 온・오프체험 3 - 메타버스 보완작업		111	4

세부 활동 내용	8. 26.(토)	[나는 환경人] 온.오프체험 4 메타버스와 환경		11	4
	8. 28.(월)	[나는 생각人] 메타버스 시범운영		111	4
	9. 21.(월)	[나는 생각人] 메타버스 시범운영		30	2
	9. 23.(토)	[나는 생각人] - 미래를 향한 청소년 꿈의 공간 만나기 - 활동 평가		100	4
활동 평가	메타버스 공간, 만족도 조사				
소요 예산	600,000원	집행금액(사용금액)	600,000원		

APPENDIX

부 록

부록 1 공모기관 현황

부록 2 사회복지공동모금회 프로그램 배분사업 신청서 양식

부록 1 공모기관 현황

구분	기관명	홈페이지
1	사회복지공동모금회	www.chest.or.kr
2	아산사회복지재단	www.asanfoundation.or.kr
3	아름다운 재단	change.beautifulfund.org
4	바보의 나눔	www.babo.or.kr
5	아이들과 미래재단	www.kidsfuture.or.kr
6	한국장애인재단	www.herbnanum.org
7	남북하나재단	www.koreahana.or.kr
8	CJ 도너스캠프	www.donorscamp.org
9	한국마사회	www.kra.co.kr
10	파라다이스 복지재단	www.paradise.or.kr
11	강원랜드 사회공헌재단	klf.or.kr
12	KBS 강태원복지재단	www.kbsktw.com
13	중부재단	www.jbfoundation.or.kr
14	생명보험 사회공헌재단	www.lif.or.kr
15	초록우산 어린이재단	www.childfund.or.kr
16	다음세대재단	www.daumfoundation.org
17	KT&G 복지재단	www.ktngwelfare.org
18	여송사회복지재단	www.yeosong.kr
19	우양재단	www.wooyang.org
20	신용카드사회공헌재단	www.ccfd.or.kr

21	푸르메재단	purme.org
22	희망나눔 주주연대	www.hopeon.or.kr
23	삼성꿈장학재단	www.sdream.or.kr
24	우천복지재단	www.woocheon.or.kr
25	한국타이어나눔재단	hankooktirefoundation.or.kr
26	우리다문화장학재단	www.woorifoundation.or.kr
27	한국증권금융 꿈나눔재단	foundation.ksfc.co.kr
28	사회공헌센터	crckorea.kr
29	희망브리지 전국재해구호협회	hopebridge.or.kr
30	한국의료지원재단	komaf12.org

부록 2 사회복지공동모금회 프로그램 배분사업 신청서 양식

〈배분사업 신청 유형〉

사업 유형		내 용	표준 신청 양식
프로그램 사업	성과 중심형	• 성과 목표 달성을 통해 사업 참여자의 의미 있는 변화를 꾀하고, 나아가 지역사회 변화의 기초를 다지는 사업 • 주로 단년도 형태를 띠며, 사업 참여자의 역량강화 또는 소규모의 지역사회 네트워크 구축 등의 사업을 포함	• 배분신청서 • 신청기관 현황 • 신뢰성 점검표 • 사업계획서
	성과 확산형	• 2년 이상 계획하는 다년도 사업으로 사업 참여자의 의미 있는 변화뿐만 아니라 지역사회, 나아가 우리 사회에 파급력(Impact)을 미치는 것을 지향하는 사업	• 배분신청서 • 신청기관 현황 • 신뢰성 점검표 • 3개년 사업계획서 • 1차년도 사업계획서
	산출 중심형	• 현재 당면한 지역사회 이슈 및 개인(또는 가족)의 문제해결을 위한 지원사업으로 성과목표 달성보다는 사업수행 과정에 중점을 두는 사업	• 배분신청서 • 신청기관 현황 • 신뢰성 점검표 • 사업계획서
기능보강 사업		• 기능보강을 통해 현재의 문제를 해소하거나 보다 의미 있는 사업을 향후 수행하고자 하는 사업 • 장비보강, 개보수, 자동차 구입 등이 해당	• 배분신청서 • 신청기관 현황 • 신뢰성 점검표 • 사업계획서

※ 100만 원 이하 사업의 경우 약식 사업계획서 작성(배분신청서, 신청기관 현황, 신뢰성 점검표, 사업계획서)

1 배분신청서 표준 양식(공통)

배분신청서[1)]

기 관 명			고유번호 (사업자등록번호)	
사 업 명	〈대상+목적+방법 : 부제〉			
사업 기본 정보	연차	__① 1년차 __② 2년차 __③ 3년차 __④ 기타 ( )		
	대상 지역		사업수행 인력	명
	사업 기간	년 월 일~년 월 일 (총 개월)		
사업 참여자[2)]	참여자 구분	__① 아동/청소년 __② 노인 __③ 장애인 __④ 여성/다문화 __⑤ 위기가정 __⑥ 지역사회 __⑦ 북한/해외/기타		
	핵심 참여자		인원수	명

어젠다	사업구분	모금회 지속가능발전목표(C-SDGs)	
생활안정	□ 기초생계 지원	□ 경제적 빈곤 퇴치	□ 영양 및 급식지원/기아종식
역량강화	□ 교육/자립 지원	□ 교육 및 자립역량 강화	□ 양질의 일자리 만들기
	□ 소통과 참여 확대	□ 성평등 □ 사회적 약자의 권리증진	□ 지속가능한 지역사회 인프라 구축
	□ 문화/정보격차 해소	□ 적정기술과 정보기술격차 해소 지원	□ 사회적 배제 감소와 불평등 완화
위기대응	□ 보건/의료 지원	□ 신체·정서적 건강과 회복	□ 깨끗한 물과 위생
	□ 심리/정서 지원	□ 신체·정서적 건강과 회복	
	□ 사회적 돌봄 강화	□ 사회적 배제 감소와 불평등 완화	
	□ 주거/환경 개선	□ 경제적 빈곤 퇴치	□ 지속가능한 지역사회 인프라 구축
	□ 재난재해/기후위기 대응	□ 경제적 빈곤 퇴치 □ 모두를 위한 깨끗한 에너지 □ 지속가능한 지역사회 인프라 구축 □ 지속가능한 생산과 소비 □ 기후변화와 대응 □ 해양생태계 보존 □ 육상생태계 보호	

성과목표□	해당사항이 없을 경우에는 공란으로 표기				
주요 사업 내용	세부 사업명	주요 내용			
사 업 비	총 사업비	원	신청금액		원
신청금액 세부내역	사업비	원 %	인건비	원 %	관리 운영비 원 %
담 당 자	성명		직통전화		E-mail @
	직위		휴대폰		FAX

위와 같이 202×년도 사업을 신청합니다.

202×년 월 일

기관대표자 : (인)

사회복지공동모금회장 귀하

1) 온라인 배분신청 시 온라인 배분신청 사이트(http://proposal.chest.or.kr)에서 작성
2) 기능보강 사업은 이용 대상자 기재

배분신청서 작성 예시

배분신청서

1) 기관명	열매종합사회복지관		2) 고유번호 (사업자등록번호)	100-82-10000
3) 사업명	저소득층 아동의 보호·학습지원을 위한 야간보호사업 "꿈나무 교실"			
4) 사업 기본 정보	연차	✔① 1년차 __② 2년차 __③ 3년차 __④ 기타 ( )		
	대상 지역	서울특별시 중구	사업수행 인력	2명
	사업 기간	2024년 1월 1일 ~ 2024년 12월 31일 (총 12개월)		
5) 사업 참여자	참여자 구분	✔① 아동/청소년 __② 노인 __③ 장애인 __④ 여성/다문화 __⑤ 위기가정 __⑥ 지역사회 __⑦ 북한/해외/기타		
	핵심 참여자	저녁 10시까지 보호가 필요한 초등학생	인원수	20명

어젠다	사업구분	모금회 지속가능발전목표(C-SDGs)	
생활안정	□ 기초생계 지원	□ 경제적 빈곤 퇴치	□ 영양 및 급식지원/기아종식
역량강화	□ 교육/자립 지원	□ 교육 및 자립역량 강화	□ 양질의 일자리 만들기
	□ 소통과 참여 확대	□ 성평등 □ 사회적 약자의 권리증진	□ 지속가능한 지역사회 인프라 구축
	□ 문화/정보격차 해소	□ 적정기술과 정보기술격차 해소 지원	□ 사회적 배제 감소와 불평등 완화
위기대응	□ 보건/의료 지원	□ 신체·정서적 건강과 회복	□ 깨끗한 물과 위생
	□ 심리/정서 지원	□ 신체·정서적 건강과 회복	
	□ 사회적 돌봄 강화	□ 사회적 배제 감소와 불평등 완화	
	□ 주거/환경 개선	□ 경제적 빈곤 퇴치	□ 지속가능한 지역사회 인프라 구축
	□ 재난재해/기후위기 대응	□ 경제적 빈곤 퇴치 □ 모두를 위한 깨끗한 에너지 □ 지속가능한 지역사회 인프라 구축 □ 지속가능한 생산과 소비 □ 기후변화와 대응 □ 해양생태계 보존 □ 육상생태계 보호	

7) 성과목표	① 보호 아동의 야간 안전사고율 감소 ② 기초 학습능력 향상 ③ 보호 아동의 가족 유대감 증대	
8) 주요 사업 내용	세부 사업명	주요 내용
	야간아동 보호	복지관 방과후교실 운영, 아동보호자 귀가 시간 따라 귀가일정 조정, 보호자가 동행귀가를 하지 못하는 경우 복지관 차량을 통한 귀가 서비스 제공
	기초학습 지도	자체 자원봉사대학생을 활용한 기초학습(국어, 영어, 수학) 지도, 자체 자원봉사대학생을 활용한 숙제지도, 매일 숙제 알림장 점검
	가족관계 개선 프로그램	가족관계 개선 프로그램 시행 (가족음식 만들기, 가족나들이, 가족체육대회, 영화보기 등)

9) 사업비	총 사업비	20,000,000원		신청금액	17,000,000원	
10) 신청금액 세부내역	사업비	11,300,000원 66.5%	인건비	4,800,000원 28.2%	관리운영비	900,000원 5.3%
11) 담당자	성명	김열매	직통전화	02-123-4567	E-mail	fruit03@fruit.or.kr
	직위	대리	휴대폰	010-1234-5678	FAX	02-123-4568

위와 같이 202×년도 사업을 신청합니다.

202×년 7월 30일

기관대표자 : 이 사 랑 (인)

사회복지공동모금회장 귀하

배분신청서 작성 방법

1) 기관명 : 신청기관의 공식 명칭을 기재

2) 고유번호(사업자등록번호) : 기관의 고유번호, 사업자등록번호 기재

3) 사업명 : 대상, 목적, 사업 내용을 포함할 수 있도록 작성하며, 부제 사용 가능

4) 사업 기본 정보

• 연차 : 모금회 지원으로 해당 사업을 수행하는 연차를 기재

 – 신규로 신청하는 사업일 경우에는 ① 1년차 사업에 해당, 전년도에 모금회의 지원을 받은 사업으로 사업수행자, 핵심 참여자, 사업내용이 동일한 경우에는 사업 연차에 따라 ② 2년차, ③ 3년차, ④ 기타를 선택

 예) 2023년에 지원을 받아 사업수행 중에 있으며, 2024년에도 동일사업을 수행하기 위해 사업신청을 하는 경우 '② 2년차'에 ∨표시

 예) 2021년부터 3년 간 지원 받아 사업을 수행하고 2024년에 동일한 사업을 신청하는 경우 '④ 기타'에 ∨표시 후 (4년차) 기입

• 대상 지역 : 본 사업이 수행되는 주요 대상 지역을 시군구 단위까지 기입

 예) 경상남도 창원시 / 충청남도 당진시 / 서울시 양천구

• 사업수행 인력 : 본 사업을 실질적으로 수행하는 실무자의 수 기입(기관장, 슈퍼바이저는 제외)

• 사업 기간 : 사업 수행 기간을 기입

 – 사업 신청 안내 시 별도의 사업기간이 공지되므로 해당 사업기간 확인 후 작성

5) 사업 참여자

• 참여자 구분 : 목록 중 1개 선택 ("별첨1. 배분 분류 체계 안내" 참고하여 선택)

• 핵심 참여자 : 본 사업의 성과를 측정하게 되거나 서비스를 직접적으로 제공받는 주요 참여자(대상자)

• 인원수 : 핵심 참여자의 실제 인원수, 중복되지 않은 순수 인원을 의미

 – 무료 급식, 행사 등과 같이 대상자가 불규칙하거나 불특정 다수인 경우 1일 평균 이용자를 기재

 – 참여자가 매달 중복될 경우 '1'인으로 기재

 예) 핵심참여자 'A'씨가 매달 주 1회씩 3개월 프로그램에 12회 참석 시, 인원수는 12명이 아닌 '1'명으로 기재

6) 사업구분 : 사업구분 목록 중 1개를 선택하고, 사업구분과 연결되는 모금회 지속가능발전목표(C-SDGs) 1개 선택 ("별첨1. 배분 분류 체계 안내" 참고하여 선택)

7) 성과목표 : 사업의 결과로 나타나는 효과 또는 변화를 기입(해당 사항이 없을 경우 미기입)
※ 성과목표는 3개 이하로 기입하고, 성과목표가 4개 이상일 경우 중요한 순서로 3개만 기입

8) 주요 사업 내용
- 세부 사업명 : 주요 세부 사업명을 3개 이하로 기입
- 주요 내용 : 세부 사업별 수행 방법, 추진 내용을 간략하게 기재

9) 사업비
- 총 사업비 : 사업 수행에 필요한 모든 비용을 합산한 금액(신청금액+기관 부담액)
- 신청금액 : 총 사업비 중 모금회에 신청하는 금액
※ 사업기간 전체(1년, 2년, 3년 등) 사업비

10) 신청금액 세부 내역 : 신청금액 중 사업비, 인건비, 관리운영비에 해당하는 금액과 비율을 기입

11) 담당자 : 본 사업을 직접 수행할 담당자 정보를 기입
- 성명 : 담당자 성명 기재(담당자 미정 시 작성자명 기입)
- 직위 : 담당자의 직위를 기입(예 : 사원, 대리, 과장 등)
- 직통전화 · 휴대폰 · E-mail · FAX : 사업 심사 또는 수행 과정 중에 연락 가능한 정보를 기재. 이메일의 경우 가급적 기관 대표(공용) 이메일 사용

2 신청기관 현황 표준 양식(공통)

신청기관 현황[3]

<table>
<tr><td colspan="2">기 관 명</td><td colspan="3"></td><td>대 표 자</td><td colspan="2"></td></tr>
<tr><td colspan="2">고유번호
(사업자등록번호)</td><td colspan="3"></td><td>전화번호</td><td colspan="2"></td></tr>
<tr><td colspan="2">E-mail</td><td colspan="3"></td><td>FAX</td><td colspan="2"></td></tr>
<tr><td colspan="2">홈페이지</td><td colspan="3"></td><td>설립연월일</td><td colspan="2">년 월 일</td></tr>
<tr><td colspan="2">주소</td><td colspan="6">□□□□□</td></tr>
<tr><td colspan="2" rowspan="2">직원 현황</td><td rowspan="2">총명
(①+②)</td><td colspan="3">상근 (①)</td><td colspan="2">비상근 (②)</td></tr>
<tr><td colspan="3">명</td><td colspan="2">명</td></tr>
<tr><td rowspan="2">기관
주요
사업</td><td>구분</td><td colspan="6">__① 노인복지 __② 영유아/아동복지 __③ 장애인복지 __④ 노숙인복지
__⑤ 지역복지 __⑥ 정신보건 __⑦ 여성복지 __⑧ 가족복지
__⑨ 청소년복지 __⑩ 다문화지원 __⑪ 북한/해외지원 __⑫ 기타 ( )</td></tr>
<tr><td>내용</td><td colspan="6"></td></tr>
<tr><td rowspan="4">결산</td><td rowspan="2">세입</td><td>총 계</td><td>보조금수입</td><td>전입금</td><td>후원금수입</td><td>사업수입</td><td>기타수입</td></tr>
<tr><td>원</td><td>원</td><td>원</td><td>원</td><td>원</td><td>원</td></tr>
<tr><td rowspan="2">세출</td><td>총 계</td><td>인건비</td><td>관리운영비</td><td>사업비</td><td>재산조성비</td><td>기타지출</td></tr>
<tr><td>원</td><td>원</td><td>원</td><td>원</td><td>원</td><td>원</td></tr>
<tr><td rowspan="4">예산</td><td rowspan="2">세입</td><td>총 계</td><td>보조금수입</td><td>전입금</td><td>후원금수입</td><td>사업수입</td><td>기타수입</td></tr>
<tr><td>원</td><td>원</td><td>원</td><td>원</td><td>원</td><td>원</td></tr>
<tr><td rowspan="2">세출</td><td>총 계</td><td>인건비</td><td>관리운영비</td><td>사업비</td><td>재산조성비</td><td>기타지출</td></tr>
<tr><td>원</td><td>원</td><td>원</td><td>원</td><td>원</td><td>원</td></tr>
<tr><td rowspan="5">운영
법인
또는
단체</td><td>운영주체 성격</td><td colspan="6">__① 사회복지법인 __② 사단법인 __③ 종교법인 __④ 학교법인
__⑤ 재단법인 __⑥ 국가지방자치단체 __⑦ 임의단체 __⑧ 개인(신고)
__⑨ 법인(기타) __⑩ 단체(기타) ( ) __⑪ 개인(기타) ( )</td></tr>
<tr><td>법인
(단체)명</td><td colspan="3"></td><td>대 표 명</td><td colspan="2"></td></tr>
<tr><td>고유번호
(사업자번호)</td><td colspan="3"></td><td>전화번호</td><td colspan="2"></td></tr>
<tr><td>홈페이지</td><td colspan="3"></td><td>설립연월일</td><td colspan="2">년 월 일</td></tr>
<tr><td>주소</td><td colspan="6">□□□□□</td></tr>
</table>

※ 신청기관 조직도, 운영위원회 및 운영법인 이사회 명단은 별첨자료로 첨부 요망

※ 조직도, 운영위원회 및 운영법인 이사회 명단은 별도 첨부

3) 온라인 배분신청 시 온라인 배분신청 사이트(http://proposal.chest.or.kr)에서 작성
온라인 배분신청 사이트(http://proposal.chest.or.kr) 내 최신 기관정보 업데이트 요망

⁝⁝ 신청기관 현황 작성 예시

신청기관 현황

<table>
<tr><td colspan="2">1) 기 관 명</td><td colspan="3">열매종합사회복지관</td><td>2) 대 표 자</td><td colspan="2">이 사 랑</td></tr>
<tr><td colspan="2">3) 고유번호
(사업자등록번호)</td><td colspan="3">100-82-10000</td><td>4) 전화번호</td><td colspan="2">02-6262-3000</td></tr>
<tr><td colspan="2">5) E-mail</td><td colspan="3">fruit@fruit.or.kr</td><td>6) FAX</td><td colspan="2">02-6262-3100</td></tr>
<tr><td colspan="2">7) 홈페이지</td><td colspan="3">www.fruit.or.kr</td><td>8) 설립연월일</td><td colspan="2">2002년 10월 24일</td></tr>
<tr><td colspan="2">9) 주소</td><td colspan="6">(04519) 서울시 중구○○대로 24길 사랑의열매회관 1층</td></tr>
<tr><td colspan="2" rowspan="2">10) 직원 현황</td><td rowspan="2">총 12 명
(①+②)</td><td colspan="3">상근 (①)</td><td colspan="2">비상근 (②)</td></tr>
<tr><td colspan="3">10 명</td><td colspan="2">2 명</td></tr>
<tr><td rowspan="2">11)
기관
주요
사업</td><td>구분</td><td colspan="6">__① 노인복지 __② 영유아/아동복지 __③ 장애인복지 __④ 노숙인복지
✔⑤ 지역복지 __⑥ 정신보건 __⑦ 여성복지 __⑧ 가족복지
__⑨ 청소년복지 __⑩ 다문화지원 __⑪ 북한/해외지원 __⑫ 기타( )</td></tr>
<tr><td>내용</td><td colspan="6">• 통합사례관리 : 사례발굴, 사례개입, 서비스연계
• 서비스제공 : 가족기능강화, 지역사회보호, 아동청소년 교육 및 문화 지원
• 지역조직화 : 주민조직화, 복지네트워크 구축, 자원개발 및 관리
• 자활자립지원 : 노인일자리사업, 자활공동체 창업지원</td></tr>
<tr><td rowspan="4">12)
결산</td><td rowspan="2">세입</td><td>총 계</td><td>보조금수입</td><td>전입금</td><td>후원금수입</td><td>사업수입</td><td>기타수입</td></tr>
<tr><td>658,001,000원</td><td>100,628,000원</td><td>162,000,000원</td><td>238,235,000원</td><td>103,948,000원</td><td>53,190,000원</td></tr>
<tr><td rowspan="2">세출</td><td>총 계</td><td>인건비</td><td>관리운영비</td><td>사업비</td><td>재산조성비</td><td>기타지출</td></tr>
<tr><td>658,001,000원</td><td>375,617,000원</td><td>93,905,000원</td><td>102,934,000원</td><td>7,573,000원</td><td>77,972,000원</td></tr>
<tr><td rowspan="4">12)
예산</td><td rowspan="2">세입</td><td>총 계</td><td>보조금수입</td><td>전입금</td><td>후원금수입</td><td>사업수입</td><td>기타수입</td></tr>
<tr><td>804,592,000원</td><td>236,709,000원</td><td>241,000,000원</td><td>113,600,000원</td><td>97,760,000원</td><td>115,523,000원</td></tr>
<tr><td rowspan="2">세출</td><td>총 계</td><td>인건비</td><td>관리운영비</td><td>사업비</td><td>재산조성비</td><td>기타지출</td></tr>
<tr><td>804,592,000원</td><td>434,556,000원</td><td>121,390,000원</td><td>225,174,000원</td><td>15,480,000원</td><td>7,992,000원</td></tr>
<tr><td rowspan="5">13)
운영
법인
또는
단체</td><td>운영주체
성격</td><td colspan="6">✔① 사회복지법인 __② 사단법인 __③ 종교법인 __④ 학교법인
__⑤ 재단법인 __⑥ 국가지방자치단체 __⑦ 임의단체 __⑧ 개인(신고)
__⑨ 법인(기타) __⑩ 단체(기타) ( ) __⑪ 개인(기타) ( )</td></tr>
<tr><td>법인
(단체)명</td><td colspan="3">사랑의열매</td><td>대 표 명</td><td colspan="2">박모금</td></tr>
<tr><td>고유번호
(사업자
번호)</td><td colspan="3">000-82-00000</td><td>전화번호</td><td colspan="2">02-626-3100</td></tr>
<tr><td>홈페이지</td><td colspan="3">www.chest.or.kr</td><td>설립연월일</td><td colspan="2">2000년 11월 13일</td></tr>
<tr><td>주소</td><td colspan="6">(04519) 서울시 중구 ○○대로 24길 사랑의열매회관 5층</td></tr>
</table>

신청기관 현황 작성 방법

1) **기관명** : 신청기관의 공식 명칭 기입
2) **대표자** : 신청기관을 대표하는 사람 이름 기입. 2인 이상의 경우에도 모두 기입
3) **고유번호(사업자등록번호)** : 기관의 고유번호, 사업자등록번호 기입
4) **전화번호** : 지역번호를 포함한 기관의 대표번호 기입
5) **E-mail** : 기관의 대표 이메일 또는 연락 가능한 이메일 기재
6) **FAX** : 기관 팩스번호를 기재. 팩스를 사용하지 않는 경우에는 미기재
7) **홈페이지** : 기관이 운영하는 홈페이지 주소를 기입. 홈페이지가 없는 경우 카페, 블로그 등도 기재 가능
8) **설립연월일** : 행정기관으로부터 인·허가를 받은 또는 행정기관에서 신고를 수리한 날짜를 기입. 시설(인)허가증 또는 시설신고증에 기재된 날짜 기입
9) **주소** : 기관의 실제 소재지 주소를 우편번호를 포함하여 도로명 주소로 기재
10) **직원 현황** : 상근 직원과 비상근 직원 수의 합계를 기재
   - 상근 : 신청 기관에 고용된 직원 중 일정한 시간에 출근하여 정해진 시간 동안 근무하는 직원 수를 기재
   - 비상근 : 신청 기관에 고용된 직원 중 상근 직원과 달리 필요한 때에만 근무하는 직원 수를 기재
11) **기관 주요사업**
   - 구분 : 신청기관의 고유목적사업에 해당하는 항목을 1개 선택
   - 내용 : 신청기관의 특화사업 등 주요 사업에 해당하는 내용 중심으로 간략하게 제시
12) **결산·예산** : 작성 시점 기준 전년도 결산금액 및 당해 연도 예산금액 기재. 각 항목의 합계는 총계와 일치시켜 작성. 아래의 내용을 참고하여 기재하며, 해당사항이 없는 항목은 '0'으로 기재
   - 세입
     - 보조금수입 : 국가 및 시·도, 또는 시·군·구로부터 받은 경상보조금 및 자본보조금
     - 전입금 : 법인으로부터의 전입금(또는 후원금)
     - 후원금수입 : 국내외 민간단체 및 개인으로부터 후원명목으로 받은 기부금·결연후원금·위문금·찬조금(지정 및 비지정 후원금 포함)
     - 사업수입 : 법인 수익사업, 시설 운영으로 인하여 발생되는 사업 수입

- 기타수입 : 기타 위에서 언급되지 않은 이용자부담금, 재산수입(부동산임대수입, 소유주식배당수입, 예금이자수입, 부당산매각수입, 불용재산매각 등), 과년도 수입(전년도에 세입 조정된 수입으로서 금년도에 수입으로 확정된 것), 차입금, 전입금, 이월금, 잡수입 등

• 세출
- 인건비 : 임·직원에 대한 급여, 제수당, 퇴직금, 사회보험부담금, 기타후생경비
- 관리운영비 : 인건비를 제외한 업무추진비, 운영비 등의 사무비
- 사업비 : (법인) 법인시설 운영 외의 지원 사업을 하는 경우의 사업비
(시설) 이용자, 입소자에게 지원되는 운영비, 교육비, 기타 프로그램 사업비
- 재산조성비 : 시설비, 자산취득비, 시설장비유지비 등
- 기타지출 : 기타 위에서 언급되지 않은 전출금, 과년도지출, 상환금, 잡지출 등

13) **운영법인 또는 단체** : 운영주체는 신청 기관의 운영을 책임지고 있는 소속법인을 의미함
• 신청기관과 운영주체가 다를 경우 전체 내용을 기입
• 신청기관과 운영주체가 같은 경우 '운영주체 성격'만 기재
※ 신청기관의 조직도와 신청기관·운영법인(또는 단체)의 운영위원회/이사회 명단은 자유 양식으로 제출

3 신청기관 신뢰성 점검표 양식(공통)

신청기관 신뢰성 점검표[4)]

1. 귀 기관・시설・단체에서 최근 3년 이내(공모사업 : 공고일 기준/ 비공모사업 : 배분사업신청일 기준)에 회계부정, 학대 및 성폭력 등 인권침해 사안[사회복지사업법 제40조(시설의 개선, 사업의 정지, 시설의 폐쇄 등) 1항 4호 및 9호의 각목(아래 관련 법령 참조)], 또는 이에 준하는 사안이 발생하여 정부(경찰, 검찰 등) 및 지자체 등으로부터 형사・행정처분 받은 사실이 있다면 해당란에 V 체크해 주세요.

※ 조치 완료되지 않은 사건이나 처분이 확정되지 않은 현재 진행 중인 사건의 경우, 기간과 상관없이 작성해 주세요.

※ 귀 기관・시설・단체의 사건으로 인해 운영법인이 대신 처분받은 경우, '해당있음'으로 작성해 주세요.

※ (신청기관이 운영법인인 경우) 귀 운영법인이 사건 당사자 기관이 아님에도 산하 기관・시설・단체의 사건으로 인해 대신 처분받은 경우라면, '해당없음'으로 작성해 주세요.

※ 인권침해 사건의 경우, 이용인(생활인)에 대한 시설장 또는 종사자의 인권침해 사건에 한해 작성해 주세요.
(이용자 간, 종사자 간 사건은 제외)

V 체크	내용
	가. 해당없음 (2번 문항 생략 후 하단에 최종 서명함)
	나. 해당있음 (2번 문항부터 기재)

4) 온라인 배분신청 시 온라인 배분신청 사이트(http://proposal.chest.or.kr)에서 작성

관련법령

- 사회복지사업법 제40조(시설의 개선, 사업의 정지, 시설의 폐쇄 등) 1항 4호 중 회계부정
- 사회복지사업법 제40조(시설의 개선, 사업의 정지, 시설의 폐쇄 등) 1항 9호 중 성폭력범죄 또는 학대관련범죄
  - 성폭력범죄 : 「성폭력범죄의 처벌 등에 관한 특례법」 제2조제1항제3호부터 제5호까지 「아동·청소년의 성보호에 관한 법률」 제2조제3호
  - 아동학대관련범죄 : 「아동복지법」 제3조제7호의2
  - 노인학대관련범죄 : 「노인복지법」 제1조의2제5호
  - 그 밖에 대통령령으로 정하는 성폭력범죄 또는 학대관련범죄
- 「장애인복지법」 제2조 4항에 따른 장애인학대관련범죄
- 이 외의 학대·성폭력 관련 범죄와 관련한 법률

2. 처분과 관련한 구체적인 내용을 작성해 주세요.

<table>
<tr><th>구분</th><th colspan="2">내 용</th></tr>
<tr><td>발생시기/기간</td><td colspan="2">년 월 일~ 년 월 일</td></tr>
<tr><td rowspan="3">관련 사안 및 관련자</td><td>V 체크</td><td>내 용</td></tr>
<tr><td></td><td>가. 회계부정 : 사업비 횡령, 유용 (관련자 (V표시) : □ 시설장 □ 종사자)</td></tr>
<tr><td></td><td>나. 인권침해 : 이용자 학대, 성폭력(관련자 (V표시) : □ 시설장 □ 종사자)</td></tr>
<tr><td rowspan="4">사건종류</td><td>V 체크</td><td>내 용</td></tr>
<tr><td></td><td>가. 회계부정 (내용 :)</td></tr>
<tr><td></td><td>나. 학대 (내용 :)</td></tr>
<tr><td></td><td>다. 성폭력 (내용 :)</td></tr>
<tr><td rowspan="6">처분내용</td><td>V 체크</td><td>내 용</td></tr>
<tr><td></td><td>가. 행정처분</td></tr>
<tr><td></td><td>나. 형사처분</td></tr>
<tr><td></td><td>다. 기타(처분이 확정되지 않은 경우)</td></tr>
<tr><td colspan="2">내 용</td></tr>
<tr><td colspan="2">▪ 처분종류 :
▪ 처분확정일자 :
▪ 처분에 대한 조치이행 종료 여부 : □ 완료 □ 진행중
▪ 처분에 대한 조치이행 종료(예정)일자 :</td></tr>
</table>

※ 2개 이상의 처분이 있는 경우 표를 추가하여 작성 바랍니다.

※ 컨소시엄 사업인 경우, 컨소시엄 구성기관별로 각각 1부씩 작성하여, 첨부파일로 제출 바랍니다.

3. 2번의 기재사항과 관련하여 기관의 의견이 있는 경우 자유롭게 작성해 주세요.

상기 내용은 사실에 기반하여 작성되었으며, 작성 내용이 사실과 다른 경우
배분사업에 선정된 후에도 배분취소, 환수, 일정기간 지원중단 등의 조치가 있을 수 있음에 동의합니다.

년 월 일

기관대표자 : (직인)

⁞⁞ 신청기관 신뢰성 점검표 작성 예시

신청기관 신뢰성 점검표

1. 귀 기관·시설·단체에서 최근 3년 이내(공모사업 : 공고일 기준/ 비공모사업 : 배분사업신청일 기준)에 회계부정, 학대 및 성폭력 등 인권침해 사안[사회복지사업법 제40조(시설의 개선, 사업의 정지, 시설의 폐쇄 등) 1항 4호 및 9호의 각목(아래 관련 법령 참조)], 또는 이에 준하는 사안이 발생하여 정부(경찰, 검찰 등) 및 지자체 등으로부터 형사·행정처분 받은 사실이 있다면 해당란에 V 체크해 주세요.

※ 조치 완료되지 않은 사건이나 처분이 확정되지 않은 현재 진행 중인 사건의 경우, 기간과 상관없이 작성해 주세요.

※ 귀 기관·시설·단체의 사건으로 인해 운영법인이 대신 처분받은 경우, '해당있음'으로 작성해 주세요.

※ (신청기관이 운영법인인 경우) 귀 운영법인이 사건 당사자 기관이 아님에도 산하 기관·시설·단체의 사건으로 인해 대신 처분받은 경우라면, '해당없음'으로 작성해 주세요.

※ 인권침해 사건의 경우, 이용인(생활인)에 대한 시설장 또는 종사자의 인권침해 사건에 한해 작성해 주세요.
(이용자 간, 종사자 간 사건은 제외)

V 체크	내 용
	가. 해당없음 (2번 문항 생략 후 하단에 최종 서명함)
V	나. 해당있음 (2번 문항부터 기재)

관련법령
• 사회복지사업법 제40조(시설의 개선, 사업의 정지, 시설의 폐쇄 등) 1항 4호 중 회계부정 • 사회복지사업법 제40조(시설의 개선, 사업의 정지, 시설의 폐쇄 등) 1항 9호 중 성폭력범죄 또는 학대관련범죄 – 성폭력범죄 : 「성폭력범죄의 처벌 등에 관한 특례법」 제2조제1항제3호부터 제5호까지 「아동·청소년의 성보호에 관한 법률」 제2조제3호 – 아동학대관련범죄 : 「아동복지법」 제3조제7호의2 – 노인학대관련범죄 : 「노인복지법」 제1조의2제5호 – 그 밖에 대통령령으로 정하는 성폭력범죄 또는 학대관련범죄 • 「장애인복지법」 제2조 4항에 따른 장애인학대관련범죄 • 이 외의 학대·성폭력 관련 범죄와 관련한 법률

2. 처분과 관련한 구체적인 내용을 작성해 주세요.

구 분	내 용	
발생시기/기간	202×년 7월 1일 ~202×년 7월 31일	
관련 사안 및 관련자	V 체크	내 용
		가. 회계부정 : 사업비 횡령, 유용 (관련자 (V표시) : □ 시설장 □ 종사자)
	V	나. 인권침해 : 이용자 학대, 성폭력(관련자 (V표시) : □ 시설장 ☑ 종사자)
사건종류	V 체크	내 용
		가. 회계부정 (내용 :)
	V	나. 학대 (내용 : 정서적 학대, 방임)
		다. 성폭력 (내용 :)
처분내용	V 체크	내 용
	V	가. 행정처분
		나. 형사처분
		다. 기타(처분이 확정되지 않은 경우)
	내 용	
	▪ 처분종류 : 개선명령 ▪ 처분확정일자 : 202×. 12. 1. ▪ 처분에 대한 조치이행 종료 여부 : ☑ 완료 □ 진행중 ▪ 처분에 대한 조치이행 종료(예정)일자 :202×. 12. 31.	

※ 2개 이상의 처분이 있는 경우 표를 추가하여 작성 바랍니다.

※ 컨소시엄 사업인 경우, 컨소시엄 구성기관별로 각각 1부씩 작성하여, 첨부파일로 제출 바랍니다.

3. 2번의 기재사항과 관련하여 기관의 의견이 있는 경우 자유롭게 작성해 주세요.

- 해당 종사자 사직 - 기관 종사자 대상으로 교육 완료

상기 내용은 사실에 기반하여 작성되었으며, 작성 내용이 사실과 다른 경우
배분사업에 선정된 후에도 배분취소, 환수, 일정기간 지원중단 등의 조치가 있을 수 있음에 동의합니다.

202×년 7월 30일

기관대표자 : 이사랑 (직인)

신청기관 신뢰성 점검표 작성 방법

1. 최근 3년 이내에 회계부정, 학대 및 성폭력 등 인권침해 사안이 발생하여 정부(경찰, 검찰 등) 및 지자체 등으로부터 형사·행정처분 받은 사실이 있다면 "해당있음"란에 체크함. 관련 사안 없을 시 "해당없음"란에 체크함. (관련 사안 없는 경우 2번 문항 생략 후 최종 서명함.)

> [작성 시 유의사항]
> ※ 공모사업의 경우 공고일 기준(공고문에 별도 명시), 비공모사업의 경우 배분사업신청일 기준으로 작성
> ※ 현재 조치 완료되지 않은 사건이나 처분이 확정되지 않은(현재 진행 중) 사건이 있는 경우, 기간과 상관없이 '해당있음'에 체크하고 처분 관련 구체적 내용 작성
> ※ 기관·시설·단체의 사건으로 인해 운영법인이 대신 처분받은 경우, '해당있음'으로 작성
> ※ (신청기관이 운영법인인 경우) 운영법인이 사건 당사자 기관이 아님에도 산하 기관·시설·단체의 사건으로 인해 대신 처분받은 경우라면, '해당없음'으로 작성
> ※ 인권침해 사건의 경우, 이용인(생활인)에 대한 시설장 또는 종사자의 인권침해 사건에 한해 작성(이용자 간, 종사자 간 사건은 제외)

2. 처분과 관련된 구체적인 내용 기재
   - 발생시기/기간 : 해당 사건이 발생한 시기와 기간 기재
   - 관련 사안 및 관련자 : 해당 사건의 유형(회계부정, 인권침해)을 체크하고, 관련자(시설장, 종사자) 체크
   - 사건종류 : 해당사건의 종류를 체크하고, 위반행위의 세부내용을 기재
   - 처분내용 : 해당 사건과 관련하여 처분이 완료된 경우 처분 유형(행정처분, 형사처분)에 체크, 처분이 확정되지 않은 경우 '기타'에 체크(처분이 확정되지 않은 경우 처분 내용 작성 생략 후 하단에 최종 서명)
     - 처분종류 : 개선명령, 시설장 교체 등 처분 종류 기재
     - 처분확정일자 : 해당 처분이 확정된 일자 기재
     - 처분에 대한 조치이행 종료 여부 : 해당 처분의 조치 이행 종료 여부 체크
     - 처분에 대한 조치이행 종료(예정) 일자 : 해당 처분의 조치 이행 종료일자 진행 중인 경우 종료 예정일자 기재

3. 처분사항과 관련하여 기관의 의견이 있는 경우 기재(의견 없을 시 빈칸)

4 프로그램_성과중심형 사업계획서 표준 양식

〈성과중심형〉 사업계획서

1. 사업명 : ______대상______ ______목적______ ______방법______

• 대상, 목적, 방법과 관련된 정보를 담은 사업명을 적어 주십시오.(슬로건은 부제(副題)로 병기 해 주세요)

2. 사업 내용 및 추진 전략

1) 사업 참여자 모집 전략

(1) 참여 대상 및 인원

핵심 참여자	
주변 참여자	

• 누가 이 사업에 참여합니까?
- (핵심 참여자) 성과를 측정하게 되는 대상은 누구이며, 인원은 몇 명입니까? (이 사업에 참여하게 함으로써 누구의 변화를 이끌어내려고 하는 것입니까?)
- (주변 참여자) 성과측정 대상은 아니지만 핵심 참여자의 변화를 이끌어 내는 데 중요한 역할을 하는 사람은 누구이며, 인원은 몇 명입니까?

(2) 참여자 선정 기준

• 어떤 기준을 세워서 참여자를 모집하게 됩니까?

(3) 참여자 모집 방안

• 기준에 적합한 참여자를 어떻게 모집할 예정입니까?

2) 사업 내용 및 사업 집행 전략

(1) 세부 사업 내용

세부 사업명	활동 내용(수행방법)
	(시행방법, 시행 시기, 참여인원, 횟수 등 포함하여 작성)

• 아래 내용을 모두 포괄하되, 자유롭게 (질문순서에 상관없이) 표현해 주시기 바랍니다.
 – 전체 사업을 몇 개의 세부 사업으로 분류한다면 어떻게 구성될 수 있습니까?
 – 사업을 어떻게 추진할 것인지에 대하여 세부 사업별 시행방법, 시행 시기 및 횟수, 참여인원, 사업 진행 일정 등 구체적인 정보를 담아서 기술해 주시기 바랍니다.
 ※ 표는 예시이며, 사업에 맞게 양식 변경 가능

(2) 사업 진행 일정

주요 내용 \ 기간		1월	2월	3월	4월	5월	6월	7월	8월	9월	10월	11월	12월
(세부 사업명)	(활동내용)												

• 세부사업명과 활동내용을 작성하고, 사업 추진 일정을 음영으로 표시하여 주시기 바랍니다.
 ※ 표는 예시이며, 사업에 맞게 양식 변경 가능

(3) 사업수행 인력

이름	소속/직위	사업 내 역할분장	(본 사업과 관련된) 주요 경력

• 사업에 직접 투입되는 주요인력(슈퍼바이저, 주 담당자 등)의 이름, 소속/직위, 역할, 주요 경력을 작성해 주시기 바랍니다.
• 담당자가 미정인 경우 채용 자격기준을 작성해 주시기 바랍니다.

3) 기관 연계협력 전략

- 위의 사업 집행 전략과 관련하여, 지역사회 내(또는 그 범위를 넘어서) 어떤 기관들과 유기적인 협조관계를 가질 것인지에 대하여 아래 내용을 포함하여 기술해 주시기 바랍니다.
  - 협력 기관이 세부 사업에서 어떤 역할을 담당하게 되는지, 그때 신청기관의 역할은 무엇인지, 이러한 협력체계는 어떤 절차를 통해 진행되는지 등

3. 예산 편성

(단위 : 원)

목	세목	세세목	계	산출근거	예산조달 계획				
					신청 금액	비율 (%)	자부담	비율 (%)	자부담 재원
총계									
인건비									
	소 계								
사업비									
	소 계								
관리 운영비									
	소 계								

- 사업에 직접 투입되는 비용을 인건비, 사업비, 관리운영비로 구분하여 작성해 주시기 바랍니다.
  - (인건비) 해당사업을 직접적으로 수행하는 인력에게 투입되는 비용
  - (사업비) 프로그램 수행에 필요한 직접비용
  - (관리운영비) 프로그램의 수행에 필요한 간접비용(사업관리에 필요한 비용)
  - 예산 수립 시 "별첨3. 예산편성기준표"를 참고하여 주시기 바랍니다.
- 세목은 세부 사업별로 구분하고 단위가 큰 경우 세세목으로 구분하여 작성하시기 바랍니다.
- 산출근거는 실제 단가, 수량, 인원수, 건수, 횟수 등을 구체적으로 기록해 주시기 바랍니다.

4. 문제 의식(사업 필요성)

1) 사업 계획 배경

• 왜 이 사업을 기획하게 되었습니까?
– 귀 기관이 관심을 가지기 전에는 어떤 상태에 있었는지, 인근 다른 지역에도 유사한 상황이 있다면 어떻게 대응하고 있는지에 대해서도 서술해 주시기 바랍니다.

2) 기존 유사사업과의 차별성

• 기존의 시각이나 접근방식과 다른 점은 무엇입니까?

3) 신청기관의 강점

• 이 사업을 신청기관에서 수행해야 하는 이유에 대해 사전조사 내용, 관련 분야 수행 경험 등을 포함하여 기재해 주시기 바랍니다.
• 유사/동일 사업 수행경험(최근 3년 이내)이 있다면 아래의 표를 참고하여 기재해 주시기 바랍니다.

연도	수행기간	사업명	지원금액	지원기관(정부, 민간)

5. 목표 및 평가

1) 산출목표

세부 사업명	산출목표	모니터링 방법

• 성과목표를 달성하기 위해 이끌어 내야 하고 모니터링해야 하는 산출목표는 무엇입니까?

2) 성과목표 및 평가 방법

성과목표	평가 도구 및 방법	측정 시기

• (성과목표) 성과목표와 관련하여 아래 내용들에 대해 작성해 주시기 바랍니다.
  – 핵심 참여자의 어떤 부분을 어느 수준까지 변화시키는 것입니까?
  – 작성하고자 하는 성과목표가 이후에 기술되는 평가 방법을 통해 달성 여부를 알 수 있게 됩니까?
  – (성과라고 강조하고 싶은데) 양적으로 드러내기(수치화하기) 어려운 성과목표가 있다면 무엇입니까?
  – 앞서 기술하신 사업내용과 성과목표를 논리적으로 연결하여 작성해 주십시오.
• (평가 도구 및 방법/측정 시기) 성과목표 달성 여부와 정도를 어떻게 평가하실 건가요?
  – 성과목표 달성 여부와 정도를 판단하기 위해 어떤 성과지표를 설정하실 건가요?
  – 제시된 성과목표에 대한 평가계획(자료수집방법, 측정시기 등)은 어떠한가요?
  – 수치화하기 어려운 성과목표가 있다면 어떤 평가방법을 통해 변화의 수준과 의미를 드러내실 건가요?

6. 사업종료 후 지향점

1) 사업 수행으로 인한 기대 효과

- 이 사업이 성공적으로 수행된다면 기대되는 효과는 무엇입니까?

2) 사업 결과의 활용 계획

- 사업의 효과로 나타난 결과를 어떻게 활용할 계획입니까?
- 사업 결과를 통해 유사기관이나 지역사회에 꼭 알리고 싶은 이야기가 있다면 무엇입니까?

⁝⁝⁝ 프로그램_성과중심형 사업계획서 작성 예시

※ 배분신청서, 기관현황을 포함하여 총 20매 이내로 작성하여 주십시오.
※ 사업계획서 작성 예시는 온라인 배분신청 사이트(http://proposal.chest.or.kr)－프로포절 자료실 참고

〈성과중심형〉 사업계획서

1. 사업명

이웃이 이웃을 돕는 나눔문화공동체 문화 확산을 위한 의・식・주 UP! 프로젝트 － '○○마을 윗(With・이웃) 공동체'5)

2. 사업 내용 및 추진전략

1) 사업 참여자 모집전략

(1) 참여 대상 및 인원

핵심 참여자	• 의(衣)복 공동체 － 옷 수선・업사이클링과 공동체 활동에 관심 있는 ○○동 지역주민 6명 • 식(食)사 공동체 － 요리와 공동체 활동에 관심 있는 ○○동 지역주민 8명 • 주(住)거 공동체 － 집 정리・수납과 공동체 활동에 관심 있는 ○○동 지역주민 10명
주변 참여자	• 네트워크 유관 기관 － ○○마을만들기지원센터, ○○센터

5) 본 예시는 2020년 신청사업－달서구학산종합사회복지관 사업계획서 일부를 발췌・요약하여 작성되었으며, 전체 사업계획서의 내용은 http://proposal.chest.or.kr에서 확인할 수 있음.

(2) 참여자 선정 기준

※ 공통사항 : ㅇㅇ동에 거주하는 지역주민 중

- 의(衣)복 공동체
  - 바느질 또는 업사이클링에 관심이 있는 주민 중 이웃들과 공동체 활동을 할 수 있는 주민
- 식(食)사 공동체
  - 식사하는 모임을 통해 이웃들과 소통하고 싶은 주민 중 이웃들과 공동체 활동을 할 수 있는 주민
- 주(住)거 공동체
  - 주거환경 및 마을환경 개선에 관심이 있는 주민 중 이웃들과 공동체 활동을 할 수 있는 주민

(3) 참여자 모집 방안

홍보전략	• 온·오프라인 홍보 – 온라인 : 홈페이지 및 SNS 홍보 – 오프라인 : 홍보지 배포(아파트 게시판, 관내 게시판, 주변 상가, 마을신문 발간, 1층 TV 및 전광판 상영 • 기존 조직 및 단체 연계 – 의·식·주와 관련된 기존 조직 및 단체 대상 활동 안내
상담 및 선정	• 참여자 상담을 통한 참여의지 확인 및 선정 – 프로그램에 대한 이해, 프로그램 참여의지 확인 – 의·식·주 중 관심 있는 공동체 확인 및 선정

2) 사업내용(사업수행일정 포함) 및 사업집행전략

		모임/배움		활동/관계		나눔/공유
의복 공동체 지역주민 6명	⇒	• 새활용 교육(월 2회) - 수선·업사이클링 교육	⇒	• 정기 모임(월 2회) - 수선·업사이클링 연습 • 마을 수선소(연 5회) - 주민대상 의복 수거 후 무료 수선 활동	⇒	• 새활용 나누기(연 4회) - 업사이클링 주민교육 • 새활용 프리마켓(연 2회) - 업사이클링 나눔·판매
식사 공동체 지역주민 8명	⇒	• 집밥 교육(월 2회) - 식생활·위생 교육 - 요리 수업	⇒	• 집밥 모임(월 1회) - 각 모임별 집밥모임 - 집밥 캠핑 • 텃밭 가꾸기(월 1회) - 작물 재배 및 수확	⇒	• 집밥 나누기(연 3회) - 저소득층 집밥 나눔 - 집밥 배달 및 식사나눔 - 말벗 및 식생활 교육
주거 공동체 지역주민 10명	⇒	• 정리·수납 교육(주 1회) - 정리·수납 교육 - 세대방문 현장실습	⇒	• 정기 회의(월 1회) - 저장강박세대 발굴 - 마을청소구역 조사 • 마을 만들기(연 3회) - 정리수납 팸플릿 제작 - 마을 및 아파트 청소	⇒	• 정리·수납 컨설팅(연 3회) - 저장강박세대 정리·수납 및 컨설팅 • 주민 교육(연 1회) - 정리·수납 주민특강

(1) 세부 사업 내용

<table>
<tr><th rowspan="2">세부
사업명</th><th colspan="3">활동(수행방법)</th></tr>
<tr><th>내 용</th><th>시행시기</th><th>시행횟수</th></tr>
<tr><td rowspan="4">의복
공동체</td><td>[새활용 교육]
• 대상 : 의복 공동체 모임 6명
• 수행인력 : ○○연대, ○○업사이클센터, 담당자
– ○○연대 : 수선 교육 진행
– ○○업사이클센터 : 업사이클링 교육 진행
• 수행방법
– 바느질 및 업사이클링 교육 진행(회기당 2시간)
• 진행내용 : 수선에 대한 이해, 자원 선순환/업사이클링 이해하기, 업사이클링 기본과정(천, 옷 등), 업사이클링 심화과정, 14회기 중 실습 4회</td><td>4~10월</td><td>14회기
(월 2회)</td></tr>
<tr><td>[마을수선소]
• 대상 : 수선을 희망하는 지역주민 누구나
• 수행인력 : 의복 공동체 모임 6명
• 수행방법
– 복지관 온·오프라인을 활용한 홍보 진행
– 복지관 1층 P·G실을 활용한 의복 수거 및 수선
• 진행내용
– 수거DAY : 수거기간 안내, 부스 설치 및 의류 수거 진행, 수선 가능 여부 확인 및 개별 접수 명단 작성
– 수선DAY : 수거된 의류 수선 진행, 수선 완료 안내</td><td>6~11월</td><td>5회기
(월 1회)</td></tr>
<tr><td>[정기모임]
• 대상 : 의복 공동체 모임 6명
• 수행방법
– 모임활동에 대한 의견 수렴 및 조율(퍼실리테이션)
– 새활용 교육 내용 연습 및 복습
• 진행내용 : 수선 활동, 체험활동 계획, 새활용 교육 복습</td><td>4~11월</td><td>14회기
(월 2회)</td></tr>
<tr><td>[새활용 나눔교육]
• 대상 : 새활용에 관심 있는 지역주민 6명
• 수행인력 : 의복 공동체 모임 6명
• 수행방법
– 복지관 온·오프라인을 활용한 홍보 및 참여자 모집
– 의복 공동체 주민이 직접 지역주민을 대상으로 수선·업사이클링 교육 진행(교육내용도 직접 계획)</td><td>11~12월</td><td>4회기</td></tr>
</table>

<table>
<tr>
<td></td>
<td>• 진행내용 : 수선, 업사이클링에 대한 기본 이해, 수선, 업사이클링 활동하기</td>
<td></td>
<td></td>
</tr>
<tr>
<td></td>
<td>[새활용 프리마켓]
• 대상 : 지역주민
• 수행인력 : 의복 공동체 모임 6명
• 수행방법
– 모임활동을 통하여 만든 업사이클링 제품 판매활동
– 발생된 수익금의 경우 지역사회 기부 예정
• 진행내용 : 업사이클링 제품 판매 및 전시활동</td>
<td>6월,
10월</td>
<td>2회기</td>
</tr>
<tr>
<td rowspan="2">식사
공동체</td>
<td>[집밥교육]
• 대상 : 식사 공동체 모임 8명
• 수행인력 : 외부강사(13회), 담당자(1회)
• 수행방법
– 요리교육 전 필수 이론교육 진행(1회)
– 집밥 배우기 교육(13회)
(회기당 2시간/국, 찌개, 반찬, 등)
• 진행내용 : 식생활 교육, 위생・영양 교육, 요리수업 및 실습
(기본/심화)
<table>
<tr><th>회 기</th><th>세부내용</th></tr>
<tr><td>1</td><td>식생활 교육, 위생영양교육</td></tr>
<tr><td>2</td><td>선진지 견학(마을 공유부엌 등)</td></tr>
<tr><td>3~8</td><td>요리수업 및 실습(기본)</td></tr>
<tr><td>9~14</td><td>요리수업 및 실습(심화)</td></tr>
</table>
</td>
<td>4~11월</td>
<td>14회기
(월 2회)</td>
</tr>
<tr>
<td>[집밥모임]
• 대상 : 식사 공동체 모임 8명(1모임당 4명)
• 수행인력 : 1모임・2모임 각 1명씩
• 수행방법
– 각 모임이 돌아가면서 자기 집에 조원들을 초대해–함께하는 식사 모임
– 2조가 각각 따로 7회 진행
– 두 모임이 함께 도시락을 싸서 떠나는 집밥 캠핑(1회 진행)</td>
<td>4~11월</td>
<td>8회기
(월 1회)</td>
</tr>
</table>

	[텃밭가꿈] • 대상 : 식사 공동체 모임 8명(1모임당 4명) • 수행방법 – 각 모임별 텃밭 배분, 작물 재배 및 수확, 텃밭 관리 – 수확한 작물을 집밥 모임 또는 간식 나눔에 활용 • 진행내용 : 작물 심기(모종 구입 2회), 작물 재배 및 수확	4~11월	8회기 (월 1회)
	[집밥 나눔] • 대상 : 지역 내 소외된 이웃 12명 • 수행인력 : 식사 공동체 모임 8명(1모임당 4명) • 수행방법 – 각 모임별로 집밥(밑반찬)을 직접 조리 – 2명의 이웃을 찾아가 한 끼 함께 나눔(말벗)	5, 9, 11월	3회기
주거 공동체	[정리·수납교육] • 대상 : 주거 공동체 모임 10명 • 수행인력 : 외부강사, 담당자 • 수행방법 – 정리·수납 전문가 양성교육 진행 – 세대 방문을 통한 현장실습 활동 진행 • 진행내용 : 수납의 이해, 주방 정리·수납, 침구·의류 정리·수납, 현장실습Ⅰ, 냉장고 정리·수납, 재활용품 DIY, 거실, 서재, 아이방, 현관, 신발장, 욕실, 베란다, 세대 방문 현장실습Ⅱ, 과제물 발표 및 수료	4~6월	14회기 (주 1회)
	[정기회의] • 대상 : 주거 공동체 모임 10명 • 수행방법 – 사례관리팀과의 연계를 통한 지역 내 저장강박세대 발굴 및 마을 청소 필요구역 확인 – 주민교육 진행을 위한 교육자료 및 교안 제작	4~11월	7회기 (월 1회)
	[마을청소] • 대상 : 정리·수납에 관심 있는 지역주민 누구나 • 수행인력 : 주거 공동체 모임 10명 • 수행방법 – 정리·수납 방법이 수록된 팸플릿 제작 – 팜플렛 배포 및 마을정화 활동을 통한 지역주민 인식 개선 캠페인 실시 • 진행내용 : 정리·수납 팜플렛 제작/배포, 마을청소 캠페인 실시, 마을 청소	7, 9, 11월	3회기

[정리 · 수납 컨설팅] • 대상 : 저장강박세대 3가구 • 수행인력 : 주거 공동체 모임 10명 • 수행방법 – 직접 세대 발굴 및 사례관리팀 추천을 통한 저장강박세대 3가구 선정 – 세대 방문을 통한 정리 · 수납 계획 수립 – 정리 · 수납 기술을 활용한 컨설팅 진행	7, 9, 11월	3회기
[주민교육] • 대상 : 지역 내 주민 50명 • 수행인력 : 주거 공동체 모임 10명 • 수행방법 : 실생활에 필요한 정리 · 수납 기술 교육 진행	8월	1회기

(2) 사업 진행 일정

주요내용 \ 기간		1월	2월	3월	4월	5월	6월	7월	8월	9월	10월	11월	12월
의복 공동체	새활용 교육					전시회 관람							
	정기모임												
	마을 수선소												
	새활용 나눔교육												
	프리마켓 참여												
식사 공동체	집밥 교육				선진지 견학								
	집밥 모임						집밥 캠핑						
	텃밭 가꿈												
	집밥 나눔												
주거 공동체	정리 · 수납 교육												
	정기회의												
	마을청소							자료집 발간					
	정리 · 수납 컨설팅												
	주민교육												

(3) 사업수행 인력

이름	소속/직위	사업 내 역할분장	(본 사업과 관련된) 주요 경력
김배분	지역조직팀장	사업 슈퍼바이저	♡♡종합사회복지관 4년 △△종합사회복지관 4년
이열매	지역조직팀 사회복지사	사업 주 담당자	○○종합사회복지관 2년

3) 기관 연계협력 전략

협력 기관명	세부 사업명	협력 계획	비고
○○마을공동체 만들기지원센터	의복공동체 식사공동체 주거공동체	• 본 기관 – 마을공동체 교육 진행 전문가 요청 – 사업 자문 및 협조 요청 • 협력기관 – 마을공동체 교육 진행 – 사업 자문 및 정보 제공	
○○업사이클센터	의복 공동체 (새활용 교육, 새활용 프리마켓)	• 본 기관 – 프리마켓 행사 및 전시회 참가 요청 • 협력기관 – 프리마켓 행사 및 전시회 초청	
○○연대	의복 공동체 (수선 교육)	• 본 기관 – 수선 교육 진행 전문가 요청 • 협력기관 – 수선 교육 진행	

3. 예산 편성

(단위 : 원)

목	세목	세세목	계	산출근거	예산조달 계획				
					신청금액	비율(%)	자부담	비율(%)	자부담 재원
총계			43,922,000	–	26,270,000	100	17,652,000	100	
인건비	전담 인력	급여	21,600,000	1,800,000원 × 12개월 × 1명	7,800,000	29.7	13,800,000	78.2	
		사회보험	2,052,000	171,000월 × 12개월 × 1명	0	0.0	2,052,000	11.6	자체 예산
		퇴직적립금	1,800,000	150,000 × 12개월 × 1명	0	0.0	1,800,000	10.2	자체 예산
	소계		25,452,000		7,800,000	29.7	17,652,000	100	
사업비	의복 공동체	새활용교육	3,200,000	• 강사료(3급, 2시간) 200,000×14회 =2,800,000 • 실습재료비 100,000×4회=400,000	3,200,000	12.2			
		마을수선소	890,000	• 재봉틀 구입비 300,000×2개=600,000 • 다리미 구입비 70,000×2개=140,000 • 실, 천등 구입비 30,000×5회=150,000	890,000	3.4			
		정기모임	210,000	• 다과비 2,500×6명×14회=210,000	210,000	0.8			
		새활용 나눔교육	320,000	• 수선재료비 50,000×4회=200,000 • 다과비 5,000×6명×4회=120,000	320,000	1.2			
		새활용 프리마켓	3,120,000	• 식사비 10,000×6명×2회=120,000 • 프리마켓 부스 운영비 1,500,000×2회 =3,000,000	3,120,000	11.9			
	식사 공동체	집밥교육	3,900,000	• 강사료(3급, 2시간) 200,000×13회 =2,600,000 • 식재료 구입비 100,000×13회 =1,300,000	3,900,000	14.9			
		집밥모임	720,000	• 식재료 구입비 50,000×7회×2모임 =700,000 • 여행자보험(캠핑) 20,000×1회=20,000	720,000	2.7			
		텃밭가꿈	150,000	• 모종 구입비 50,000×2회=100,000 • 비료 구입비 50,000×1회=50,000	150,000	0.6			
		집밥나눔	400,000	• 식재료 구입비 50,000×3회×2모임 =300,000 • 참여자 교통비 등 12,500×8명=100,000	400,000	1.5			

	주거 공동체	정리·수납 교육	3,000,000	• 강사료(3급, 2시간) 200,000×14회 =2,800,000 • 교재구입비 20,000×10개=200,000	3,000,000	11.4			
		정기회의	350,000	• 다과비 5,000×10명×7회=350,000	350,000	1.3			
		마을청소	1,550,000	• 팸플릿 제작비 1,500,000×1회 =1,500,000 • 물품 구입비(청소도구 등) 50,000 ×1회=50,000	1,550,000	5.9			
		정리·수납 컨설팅	360,000	• 주거환경개선비 120,000×3가구 =360,000	360,000	1.4			
		주민교육	180,000	• 다과비 3,000×50명=150,000 • 엑스배너 제작비 30,000×1회=30,000	180,000	0.7			
	소계		18,350,000	-	18,350,000	69.9			
관리 운영비	관리 운영비	교통비	120,000	10,000 × 12개월 × 1명	120,000	0.4			
	소계		120,000		120,000	0.4			

4. 문제의식(사업 필요성)

1) 사업 계획 배경

(1) 이웃과의 관계 단절로 인한 지역공동체 의식 부재

오늘날 '이웃사촌'이라는 말의 의미가 점점 옅어지고 있다. 한 조사결과에 따르면 전국 만 19세~59세 성인남녀 1,000명을 대상으로 실시한 2019 '이웃과의 교류' 관련 인식 평가 설문조사 결과에 따르면, 이웃사촌이라는 개념이 확연하게 옅어졌으며 이웃들과 별다른 교류 없이 지내는 경우가 태반인 것으로 나타났다[시장조사전문기업 트렌드모니터(trendmonitor.or.kr)]. 성인남녀 10명 중 4명(39.8%)은 현재 옆집에 누가 사는지도 모르고 있는 것으로 나타났으며 특히 1~2인 가구에게서 이웃과의 단절된 모습이 높게 나타나 '관계의 단절' 현상의 가속화가 우려되고 있다.

이렇게 이웃이 낯선 존재가 되어 버린 요즘, 고민거리를 나누거나 위급한 상황이 생겼을 때 선뜻 이웃의 도움을 청하는 것도 어려워지고 있다. 시간이 지날수록 이웃에게 고민거리를 나누거나 위급 상황 시 이웃의 도움제공에 대한 기대감이 점차 감소되고 있는 것을 알 수 있다. 이러한 '관계의 단절' 현상이 지속화된다면 위급한 상황이 생겼을 때 도움을 받을 수 있는 일이 없어지며 서로를 배려하는 지역공동체 의식이 사라지게 된다. 이는 자연스럽게 현재 살고 있는 동네에 무관심을 야기하며, 지역공동의 이익을 위한 헌신보다는 개인의 목적과 이익만을 우선시하는 현상이 나타난다.

본 기관이 위치하고 있는 ○○동에 살고 있는 주민과의 인터뷰를 진행한 사례를 보면 '지역공동체 의식의 부재'는 이웃 간의 다양한 사회문제를 야기한다. 하지만 이러한 문제들은 단순한 민원제기나 법적인 조치로 쉽게 해결되지 않는다. 주민들이 개인주의에서 벗어나 지역공동의 이익을 위한 지역공동체 의식을 갖는 것이 중요하다. 그러기 위해서는 이웃 간의 관계 개선과 교류가 활발히 이루어져야 하며, 이웃이 이웃을 돕는 '이웃사촌', '이웃 공동체'의 필요성을 인식하고 지역공동체 의식을 확산시키는 활동이 우선되어야 한다.

(2) 마을 공동체 형성을 통한 저소득층의 기본권(의 · 식 · 주) 존중

본 기관의 관할구역인 ○○동에는 8,468가구가 살고 있는데 이 중 기초생활수급자는 2,538가구로 전체 가구의 30%를 차지한다. 이는 ○○동에 살고 있는 주민 3~4명 중 1명이 기초생활수급자인 것을 의미한다. 또한 ○○구 전체 기초생활수급자 15,113가구 중 2,538가구(16.8%)가 ○○동에 거주하고 있어 ○○구 22개동 중 수급자 최다 밀집지역에 속한다. 본 기관이 위치한 ○○단지 아파트는 영구임대아파트이며 2,364세대의 저소득 가구가 살고 있다. 수급자가 많이 거주하고 있기 때문에 의 · 식 · 주를 포함한 일반적인 생활이 어렵거나 경제적인 상황이 어려운 주민들이 많다. 특히 의 · 식 · 주는 인간으로서 마땅히 누려야 할 기본권이기 때문에 복지관에서는 주민들의 의 · 식 · 주(=인권)를 보장하기 위한 책무성을 지녀야 한다. 하지만 본 기관에서는 의(衣)와 관련된 서비스는 별도로 제공되고 있지 않으며, 식(食)과 주(住)와 관련된 서비스를 제공하고는 있지만 외식서비스나 방역서비스와 같이 단순 지원 또는 1회성 지원에 국한되어 있다. 이마저도 서비스 대상이 한정적이기 때문에 모든 주민들이 서비스를 제공받지 못하고 있는 실정이다.

본 사업은 복지관에서 의·식·주와 관련된 단순 서비스를 추가로 더 제공하자는 것이 아니라 마을 공동체 활동에 관심 있는 주민들을 의·식·주 각 모임에 구성하여 지역조직화 활동을 통해 마을 내 모든 주민들의 기본권이 존중받을 수 있는 구조적·환경적인 체계를 마련하고자 한다.

2) 기존 유사사업과의 차별성

(1) 이웃이 이웃을 돕는 나눔공동체 문화 확산

지역 공동체를 만들기 위해서는 마을의 주인인 주민들의 역할이 무엇보다 중요하다. 자발성을 토대로 자신의 삶과 터를 변화시켜 나갈 주민들의 노력 없이는 사실상 불가능하기 때문이다. 주민의 참여를 이끌어 내기 위해서는 지역사회에서의 공동체적 역량을 높이고 구성원들 간의 관계 형성과 역량강화 등이 필요하다. 하지만 ○○동에 속한 기존의 조직과 단체들의 경우 구성원들 간의 만남이 이루어지고는 있지만 지역문제를 스스로 해결하기 위한 역량 개발과 활동의 지속적인 참여가 이루어지지 않고 있다. 본 기관은 이러한 조직과 단체들을 재조직화해 지역공동체의 정체성을 확립하고 지속적인 참여를 확대하고자 한다. 여기서 중요한 것은 구성원들이 만나서 서로 소통하고 배우는 것에서만 그치는 것이 아니라 지역사회 나눔을 통해 마을주민 모두가 함께 교류하고 화합할 수 있는 나눔공동체 문화를 확산시키는 것이다.

(2) 자기결정권을 통한 지속적 참여 유도

주민들의 적극적이고 지속적인 참여를 유도하기 위해서는 주민들의 흥미를 유발하는 것이 중요하다. 기존의 조직과 단체들을 보면 활동에 대한 체계적인 계획이나 정체성이 없어 단기적·1회성 참여에 그치거나 단순모임으로 이어지는 경우가 많았다. 그렇기 때문에 주민들 스스로가 원하는 활동을 직접 선택해 공동체에 속한다면 소속감과 흥미를 갖고 공동체 활동의 지속적 참여가 가능할 것이다.

3) 신청기관의 강점

(1) 공동체 활동이 가능한 다양한 인적 자원 보유

마을공동체를 형성하기 위해서는 마을에서 활동할 의지가 있거나 활동을 하고 있는 많은 주민들이 필요하다. 하지만 본 기관은 오랫동안 지역조직사업을 진행해 오면서 이미 주민활동가로 활동할 수 있는 다양한 인적 자원들을 보유하고 있다. 앞서 언급했듯이 주부 새활용 모임 '○○자원순환공동체'를 통해 '의복공동체' 활동 참여를 유도할 수 있고, ○○단지 입주민 모임 '살기좋은동네만들기 추진위원회'를 통해 '주거 공동체' 활동 참여를 유도할 수 있다. 또한 식사공동체의 경우 복지관 P/G를 이용하는 주민들이나 수강생을 대상으로 활동 참여를 유도할 수 있다. 그 외에도 ○○단지 통우회, 행복지킴이, 부녀회의 경우 주민들과 밀접한 관계를 맺고 있기 때문에 의·식·주 공동체에 관심 있는 주민 발굴에 도움이 될 수 있다.

(2) 정기적인 모임·활동이 가능한 공간 확보

각 공동체가 모임을 갖고 정기적인 활동을 진행하기 위해서는 물리적인 공간이 필요하지만 사회교육이나 문화강좌 수업으로 인해 상시적으로 사용할 수 있는 공간이 많지는 않다. 하지만 본 사업을 위해각 공동체가 상시적으로 모임을 갖거나 활동준비를 위해 상주할 수 있는 공간 3곳을 마련할 수 있었다. 이를 통해 의복 공동체는 업사이클링 연습과 마을수선소를 진행할 수 있으며, 식사 공동체는 집밥 교육과 집밥 나눔 시 조리를 할 수 있으며, 주거 공동체는 정기회의와 주민특강 준비 등을 진행할 수 있다.

5. 목표 및 평가

1) 산출목표

세부 사업명	산출목표	모니터링 방법
의복 공동체	• 새활용 교육 : 의복 공동체 모임 6명, 월 2회/총 14회 실시 • 마을 수선소 : 수거/수선 의류 개수 총 15개 이상 • 정기 모임 : 의복 공동체 모임 6명, 월 2회/총 14회 실시 • 새활용 나눔교육 : 월 1회/총 5회 실시 • 새활용 프리마켓 : 연 2회 실시	• 출석부 • 실시 · 결과보고 • 수선 의류 목록표 • P · G 활동일지
식사 공동체	• 집밥 교육 : 식사 공동체 모임 8명, 월 2회/총 14회 실시 • 집밥 모임 : 식사 공동체 모임 8명, 월 1회/총 8회 실시 • 집밥 나눔 : 지역 내 소외된 이웃 12명 대상, 연 3회 실시 • 텃밭 가꿈 : 월 1회/총 8회 실시	• 출석부 • 실시 · 결과보고 • P · G 활동일지 • 평가회의록
주거 공동체	• 정리 · 수납 교육 : 주거 공동체 모임 10명, 주 1회/총 14회 실시, 정리 · 수납 자격증 취득 50% 이상 • 정기 회의 : 주거 공동체 모임 10명, 월 1회/총 7회 실시, 저장강박세대 7세대 발굴 • 마을 청소 : 주거 공동체 모임 10명, 연 3회 실시 • 정리 · 수납 컨설팅 : 저장강박세대 3가구 대상, 연 3회 실시 • 주민 교육 : 지역주민 50명 대상, 연 1회 실시	• 출석부 • 실시 · 결과보고 • 정리 · 수납 자격증 • P · G 활동일지

2) 성과목표 및 평가 방법

성과목표	평가 도구 및 방법	측정 시기
의·식·주 공동체 조직 및 역량 강화	• 성과지표 : 사전·사후 마을만들기 참여 점수 8점 이상 향상 • 평가도구 : 마을만들기 참여 척도(60점 만점) • 평가방법 : 참여자 대상 사전·사후 척도검사	사전(3월), 사후(12월)
이웃과의 교류 및 유대감 증진	• 성과지표 : 사전·사후 동네응집력 점수 10점 이상 향상 • 평가도구 : 동네응집력 척도(72점 만점) • 평가방법 : 참여자 대상 사전·사후 척도검사	사전(3월), 사후(12월)
나눔문화 확산 및 공동체 의식 함양	• 성과지표 : 사전·사후 공동체 의식 점수 10점 이상 향상 • 평가도구 : 공동체 의식 척도(80점 만점) • 평가방법 : 참여자 대상 사전·사후 척도검사	사전(3월), 사후(12월)

6. 사업종료 후 지향점

1) 사업 수행으로 인한 기대 효과

(1) 참여자 개인의 긍정적인 변화

구 분	변화내용	비 고
의(衣)	• 수선 및 업사이클링 전문기술 습득 • 재능나눔을 통한 사회적 자존감 형성	–
식(食)	• 올바른 식습관 형성 및 안정된 영양 섭취 • 요리실력 및 식생활 해결능력 향상	–
주(住)	• 체계적·표준화된 정리·수납 기술 습득 • 마을분세 해결을 위한 능동적 태도 향상	정리·수납 자격증 취득

(2) 지역사회의 긍정적인 변화

구 분	변화내용	비 고
의(衣)	• 자원선순환에 대한 긍정적 인식 형성 • 재능나눔을 통한 나눔문화 확산	–
식(食)	• 소외계층의 안부확인 및 결식문제 해결 • 지역주민과의 긍정적 유대감 형성	–
주(住)	• 저장강박세대 발굴 및 주거환경 개선 • 마을정화활동을 통한 지역주민 인식개선	정리・수납 팸플릿 제작

2) 사업 결과의 활용 계획

- 공동체 모임별 참여자 증원 및 소통 강화 : 지역사회에 사업의 효과성을 알린 후 각 공동체별로 활동에 관심 있는 주민들을 추가로 모집해 공동체를 확장시키고 활동의 범위를 증대할 계획이며 구성원 간 관심사항을 함께 공유하고 논의하여 함께 활동을 계획하고 진행하고자 함
- 연계사업 활성화 도모 : 공동체별로 나눔・공유 활동을 강화하여 지역사회 공헌 및 나눔문화 확산을 위해 노력할 계획임. 그러기 위해서는 다양한 기관 및 단체와의 연계를 통해 지역사회의 한정된 자원을 효율적으로 활용해 지역사회에 더 큰 시너지 효과를 가져올 수 있도록 하겠음

[별첨3]

〈예산편성기준표〉

※ 예산편성기준표는 최대 지급 기준이며 상황에 따라 감액하여 지급이 가능함.

<table>
<tr><th colspan="2">항 목</th><th>기 준</th><th>사용한도</th><th>비 고</th></tr>
<tr><td rowspan="3">강
사
비
*</td><td>특별
강사</td><td>• 전/현직 장/차관(급) 이상
• 전/현직 대학총장(급)
• 전/현직 국회의원
• 대기업 총수(회장) 또는 국영기업체장
• 활동경력 30년 이상의 문화예술, 시민단체, 기업교육 등 전문직 종사자
• 기타 이에 준하는 사회저명인사로 모금회가 인정하는 자</td><td>• 1시간 최대 350,000원
• 초과 매시간당 최대 150,000원</td><td rowspan="3">• 내부직원에게는 지급 불가(동일법인이라도 사업장 위치가 다르고 독립회계를 하는 타 기관의 직원인 경우에는 지급 가능)

• 강의에 필요한 교재의 원고료, 강사 교통비(실비)는 필요사유에 따라 별도 지급 가능

• 온라인 강의 강사비 지급기준은 [온라인 강의 강사비 지급기준] 참고</td></tr>
<tr><td>1급
강사</td><td>• 대학 조교수 이상, 전문대학 부교수 이상
• 인간문화재, 유명예술인 및 종교인
• 정부출연 연구기관장
• 기업/기관 등의 책임급 연구원, 중역
• 판/검사, 변호사 등 전문자격증 소지자
• 전·현직 3급 이상 공무원 및 박사학위를 소지한 전·현직 4/5급 공무원
• 사회복지 등 해당 강의 관련분야 기관·시설장
• 활동경력 20년 이상의 문화예술, 시민단체, 기업교육 등 전문직 종사자
• 기타 모금회가 인정하는 자</td><td>• 1시간 최대 250,000원
• 초과 매시간당 최대 150,000원</td></tr>
<tr><td>2급
강사</td><td>• 대학 전임강사 및 전문대학 조교수
• 전·현직 4/5급 공무원
• 중소기업체 임원급
• 기업·기관·단체의 부장급
• 인간문화재·유명예술인 등 보조출연자
• 통계이론,SAS,SPSS 등의 전문가
• 박사학위소지자
• 특별강사, 일반 1급 및 일반 3급을 제외한 자
• 사회복지 등 해당 강의 관련분야 기관·시설 중간관리자로서 관련분야 석사 이상 학위를 소지한 자
• 활동경력 10년 이상의 문화예술, 시민단체, 기업교육 등 전문직 종사자
• 기타 모금회가 인정하는 자</td><td>• 1시간 최대 230,000원
• 초과 매시간당 최대 120,000원</td></tr>
</table>

	3급 강사	• 전·현직 6급 이하 공무원 • 전임 이외의 외래시간 강사 • 외국어/전산 등 학원강사 • 체육, 레크리에이션 등 전문강사 • 사회복지 등 해당 강의 관련분야 기관·시설 중간관리자로서 관련분야 석사학위가 없는 자 • 활동경력 5년 이상의 문화예술, 시민단체, 기업교육 등 전문직 종사자 • 기타 모금회가 인정하는 자	• 1시간 최대 170,000원 • 초과 매시간당 최대 100,000원	
	보조 강사	• 각종 실기실습 보조요원	• 1시간 최대 50,000원 • 초과 매시간당 최대 30,000원	
	다수인 출강**	• 2시간 이하	• 5인 이하 최대 33만 원 • 6~10인 최대 45만 원 • 11인 이상 최대 66만 원	
		• 2시간 초과	• 5인 이하 최대 38만 원 • 6~10인 최대 55만 원 • 11인 이상 최대 80만 원	
회의참석비		• 2시간 이하	• 100,000원	• 내부직원에게는 지급 불가(동일법인이라도 사업장 위치가 다르고 독립회계를 하는 타 기관의 직원인 경우에는 지급 가능)
		• 2시간 초과 시(1일 1회에 한함)	• 130,000원	
원고료		• A4용지 1매 기준 – 글자크기 13p, 줄간격 160%, 상하여백 15, 좌우여백 25, 머리말·꼬리말 15, 또는 300단어 – 파워포인트로 작성한 경우에는 슬라이드 3면을 A4 1면으로 산정 – 원고지로 작성한 경우에는 200자 원고지 3.5매를 A4 1면으로 산정	• 12,000원 * 시간당 6매까지만 인정 최대 30만 원까지 지원	
단순인건비		• 1인/1일(1일 8시간 기준/ 중식비 포함) ※ 월 60시간, 1개월 이상 근무 시 4대보험 가입 필수	• 2025년 인건비 기준에 따라 편성	

			- 단순인건비 84,460원 (중식비 7,500원 포함) - 주휴수당 76,960원 ※ 2024년 최저임금에 따라 반영 예정	
자원봉사자 활동비***	• 자원봉사자에게 지급되는 교통비, 식사비 등의 활동비(1회 기준, 예산한도 내 실비지급)		• 30,000원 이하	• 자원봉사자 활동비는 봉사활동에 실제 소요된 경비에 한해 예산한도 내에서 지급하며 증빙 가능해야 함(임직원 자원봉사 활동비 제외) 지급증 필수 첨부(활동명, 활동시간 및 지역, 소요비용 및 산출 근거 표기)
출장여비	• 시내여비		• 실비	• 일비, 식비는 해당 시·도를 벗어나는 출장에 적용 • 특별시와 광역시를 포함한 동일 시와 군 및 섬(제주특별자치도 제외) 밖으로의 출장으로 왕복거리가 12km 이상인 출장에 대해 시외출장 적용. 단, 육로 120km(왕복) 또는 수로 60km(왕복) 미만의 출장에 있어서는 일비의 전액과 식비의 3분의 1만을 지급함. • 기관차량 이용 시 일비의 2분의 1만을 지급(단, 숙박 시 전액 지급 가능) • 출장지에서 식사가 제공되는 경우 해당 식비를 제외하고 지급(예 교육 참석 차 왕복 120km 이상의 지역으로 시외출장 시 점심식사가 제공되는 경우 식비의 2/3만 지급)
	• 시외여비	교통비 (KTX일반, 고속버스, 전세버스 등)	• 실비	
		일비(1인 1일)	• 20,000원	
		식비(1인 1일)	• 25,000원	
		숙박비(1인 1실)	• 실비 (상한액 : 서울특별시 100,000원, 그 밖의 지역 80,000원)	
워크숍		• 1인 기준	• 180,000원	• 1박 2일 기준(숙박비, 식비, 다과비) • 숙박일수 추가 시 추가되는 일수당 기준단가 적용 • 진행비(교통비, 대관료 등) 실비 적용하여 별도 편성

			• 사용한도 초과가 불가피한 경우, 모금회의 사전 승인 필요
식사비	• 1인 1식 기준	• 15,000원	• 나들이 체험활동 등 외부활동 프로그램 및 행사에 한하여 식사비, 다과비의 경우 통합(22,500원)하여 사용 가능 • 참석자가 모두 내부직원일 경우 지출 불가 • 온라인으로 회의, 강의 등을 진행할 경우 지출 불가(식사 및 다과를 대신한 기프티콘, 쿠폰 지급 불가)
다과비	• 1인 기준	• 7,500원	
자문비	• 2시간 이하 1회	• 100,000원	• 슈퍼비전기록 필히 첨부 • 내부직원 지급 불가 • 시외의 경우, 교통비 실비지급 가능 • 1일 상한액 20만 원
	• 2시간 초과 1회	• 130,000원	
	• (공식) 서면자문 1회	• 100,000원	
	• 공통사항 : 자문 내용 기본 양식(A4 용지 1매 기준, 글씨크기 13point, 줄간격 160%, 상하 여백 15, 좌우 여백 25, 머리말 · 꼬리말 15) ※ 서면자문 양식은 사업수행안내자료를 통해 별도 제공 예정		
세미나, 토론회 등 – 토론	• 1시간 이하 1회	• 100,000원	• 내부직원에게는 지급 불가(동일법인이라도 사업장 위치가 다르고 독립회계를 하는 타 기관의 직원인 경우에는 지급 가능) • 강사 교통비(실비)는 필요사유에 따라 별도 지급 가능
세미나, 토론회 등 – 토론	• 1시간 초과 1회	• 130,000원	
세미나, 토론회 등 – 기조 연설, 발제, 사회	• 1시간 이하 1회	• 200,000원	
세미나, 토론회 등 – 기조 연설, 발제, 사회	• 1시간 초과 1회	• 300,000원	
번역료	• 한국외대 통번역센터 요율표 기준 (매해 발표되는 기준 참고, 시행시점 가장 최근 자료 이용) ※ 단, 전문기관 등에게 의뢰하여 작성된 원고 및 통·번역자료에 대해서는 별도계약에 따라 지급할 수 있다.		
수어통역	• 1인 1시간 기준	• 150,000원	• 개인으로 활동하는 수어통역사 기준이며, 수어통역 관련 단체(업체)를 통하는 경우 해당 단체(업체)의 단가 적용

* 강사비 초과시간의 계산 방법 : 같은 날짜에 동일대상에게 동일내용(주제)을 강의하는 경우 2회 이상으로 나누어 강의를 하여도 두 번째 시간부터는 초과시간으로 계산함

** 다수인 출강 : 1개의 프로그램에 2인 이상의 강사가 참여하는 교육

*** 자원봉사활동비 : 실비개념으로 봉사활동에 3만 원 한도 내로 실비 지급

〈온라인 강의 강사비 지급기준〉

유형	강의 방식	지급 단가	비 고
녹화형 강의	• 오프라인 강의를 그대로 촬영하여 사이버 강의화한 콘텐츠 • 강사가 콘텐츠 제작을 위해 별도로 원고를 작성하고 직접 출연하여 제작한 콘텐츠	• 오프라인 강의 강사료 • 강사출연비 : 시간당 10만 원 이내 ※ 최종 편집된 영상의 강의시간을 기준으로 함	• 강사출연비는 강사의 촬영 동기 요인 강화 및 다회 노출 부담에 대한 보상 • 녹화된 영상을 반복 없이 1회만 사용하는 경우에는 강사출연비를 지급하지 않음
실시간 라이브 강의	• 강사와 강의대상이 특정 시간에 원격 강의에 참여하여 진행하는 방식	• 오프라인 강의 강사료	• 실시간 라이브를 녹화하여 반복 사용하는 경우에는 녹화형 강의에 준하여 강사출연비 지급

※ 유의사항

1. 상기 기준은 지급 가능한 최대금액으로 강의의 난이도, 내용 등에 따라 제시된 한도 내에서 적정한 수준으로 조정하여 지급할 수 있음
2. 영상물의 저작권에 관하여 붙임의 양식에 따라 강사와 별도 계약을 체결하여야 하고, 콘텐츠 이용을 위하여 필요한 권리(저작재산권)는 기 체결한 배분사업 표준계약에 의거, 수행기관과 모금회에 귀속됨
3. 강의시간은 최종 편집된 영상에서 강의가 진행된 시간을 기준으로 하고, 참여자의 시청 편의를 위하여 영상을 분할 편집한 경우에는 총 영상 시간의 합으로 계산함
   예 강의 전후로 기관소개 영상 등을 포함한 경우, 강의시간으로 계산하지 않음
4. 강사료 및 강의출연비에 대한 비용 산출 시 강의시간 30분 미만은 강의 시간 산출에 포함하지 아니하고, 30분 이상은 1시간으로 계산(단, 녹화형 강의에 한해 30분 미만은 기준단가의 2분의 1 한도 내에서 지급)
5. 강사가 제작한 강의자료를 제공받아 활용하는 경우에도 동일한 기준을 적용하며, 상기 기준을 초과하여 지급할 수 없음
6. 영상물 제작 시 모금회의 지원사업을 통해 제작된 영상임을 표시하여야 함
   예 "강의명" 영상은 사회복지공동모금회(로고삽입) 지원으로 제작되었습니다.
7. 지원사업으로 제작한 영상을 통한 광고·수익 창출은 불가함

[별첨4]

〈표준 심사기준〉

※ 제시된 심사기준은 표준 심사양식으로 사업의 특성이나 내용에 따라 일부 항목이 가감되어 사용될 수 있음을 안내드립니다.

구 분			주요 내용
심사	기관 평가	신뢰성	• 모금회와 사업수행 경험이 있으며 사업수행결과는 양호한가 • 이사진 구성(혹은 운영위원회)은 적절한가
		사업수행 능력	• 제안한 사업내용과 유사 혹은 동일한 사업 수행 경험이 있는가 • 사업 관련 담당자(혹은 슈퍼바이저)의 지식과 경험이 사업을 수행하기에 충분한가 • 조직, 인력, 예산 등 제반 여건을 고려할 때 제안한 사업을 책임성을 가지고 수행할 능력이 있는가
	사업 평가	사업내용 및 추진전략의 적절성	• 참여자 및 선정기준, 모집방안은 적절한가 • 목표 달성을 위한 프로그램이 충분하게 구성되어 있는가 • 수행사업의 시행 방법, 시기, 횟수 등의 구성은 적절한가 • 연계협력기관 등 지역자원의 활용 방안을 적합하게 제시하고 있는가
		예산편성의 합리성	• 사업비 및 인건비 구성과 투입비용 수준은 적절한가(타당한가) • 예산 항목의 각 요소가 구체적으로 서술되어 있는가 • (자부담이 필수인 경우) 자부담 비율은 적정하며 타당성이 있는가
		사업 필요성	• 참여자의 욕구 및 문제분석을 위한 사전조사 등 경험적 기반에 의한 문제의식이 명확한가 • 문제 해결을 위한 기관의 노력 및 사업기획이 유사사업과 차별성이 있는가 • 해당사업에 대하여 신청기관의 사업수행이 반드시 필요한가
		목표 및 평가의 타당성	• 사업주제에 부합하는 목표가 설정되어 있는가 • 목표는 실현 가능하게 설정되어 있는가 • 목표 측정 시기 및 평가 방법이 구체적이고 타당한가
		사업종료 후 지향점의 적정성	• 사업의 기대효과 및 활용계획이 구체적으로 서술되어 있는가 • (성과확산형의 경우) 사업종료 후 사업 지속·유지 전략은 적절한가
		사업의 일관성 및 체계성	• 사업계획 내용이 일관되고 체계적으로 작성되었는가 • 사업계획 내용이 구체적이며 실현 가능한가

※ 감점항목 : 회계부정이나 이용인(생활인)에 대한 학대·성폭력 등의 인권침해 사건 관련 사항

참고문헌

곽미정 · 정명희 · 홍희석 · 김재원 · 손혜신 · 신용식 · 이창수 · 전대성(2018). **청소년 프로그램 개발과 평가**. 경기 : 양성원.

권두승(2002). **성인학습 지도방법의 이론과 실제**. 서울 : 교육과학사.

권양이(2013). **청소년 프로그램 개발과 평가**. 서울 : 박영사.

권일남 · 전명순 · 김태균 · 김정율(2021). **청소년프로그램 개발과 평가**. 서울 : 창지사.

김기원(2001). **사회복지조사론**. 서울 : 나눔의집.

김상곤 · 최승희 · 안정선(2012). **사회복지 프로그램 개발과 평가**. 서울 : 학지사.

김영숙 · 김 욱 · 엄기욱 · 오만록 · 정태신(2002). **사회복지 프로그램 개발과 평가**. 서울 : 교육과학사.

김영종(1998). **사회복지행정**. 서울 : 학지사.

김윤나 · 오승근 · 정건희 · 손진희 · 양은일(2018). **미래지향적인 청소년 프로그램 개발과 평가**. 서울 : 신정.

김종태(2008). **사회복지 프로그램 개발과 평가**. 경기 : 대왕사.

김진규(2002). **프로그램 평가방법**. 서울 : 학지사.

김진호 · 권일남 · 이광호 · 최창욱(2009). **청소년활동론**. 서울 : 한국방송통신대학교출판부.

김진화(2001). **평생교육 프로그램 개발론**. 서울 : 교육과학사.

김진화 · 정지웅(1998). **사회교육 프로그램개발의 이론과 실제**. 서울 : 교육과학사.

김창대 · 김형수 · 신을진 · 이상희 · 최한나(2019). **상담 및 심리교육 프로그램 개발과 평가**. 서울 : 학지사.

김통원(2009). **사회복지 프로그램 기획과 평가**. 서울 : 신정.

김학주(2008). **사회복지 프로그램 개발과 평가**. 서울 : 청목출판사.

김형식(1999). **사회복지 프로그램 평가**. 서울 : 아시아미디어리서치.

마상욱(2021). **청소년 프로그램 개발 및 평가**. 경기 : 공동체.

박명윤(1991). 청소년 수련거리 실태조사 및 개발방향 연구. 한국청소년정책연구원.

사회복지공동모금회(2024). 2025 배분사업 안내.

서인해 · 공계순(2004). **욕구조사의 이론과 실제**. 서울 : 나남출판.

성규탁(1998). **사회복지행정론**. 경기 : 법문사.

신동열・박경숙・김용준・박숙경・강민주・공현준(2020). 청소년 프로그램 개발과 평가. 경기 : 정민사.

양점도・김미자・김장권・박영준・이권일・이상주・이상호・이준상・전남련(2009). 사회복지 프로그램 개발과 평가. 경기 : 양서원.

양정하・황인옥・배의식・박남철・오봉욱(2023). 사회복지 프로그램 개발과 평가. 경기 : 정민사.

양정하・황인옥・윤성호・이인숙・김태준(2006). 사회복지조사방법론. 경기 : 공동체.

여성가족부・한국청소년활동진흥원(2023). 2023년 청소년 프로그램 공모사업 사례집.

여성가족부・한국청소년활동진흥원・청소년활동진흥센터(2023). 2023년 청소년 자기주도형 봉사활동 우수사례집.

유진이・윤혜순(2022). 청소년프로그램 개발과 평가. 경기 : 양서원.

이학식・안광호・하영원(2006). 마케팅 전략적 접근. 경기 : 법문사.

정무성(2008). 사회복지 프로그램 개발론. 경기 : 학현사.

정무성・정진모(2001). 사회복지 프로그램 개발과 평가. 경기 : 양서원.

지은구(2005). 사회복지 프로그램 개발과 평가. 서울 : 학지사.

진은설・이혜경・김도영(2023). 청소년 프로그램 개발과 평가. 서울 : 학지사.

천정웅・김경준・김세광・김윤나(2015). 청소년 프로그램 개발과 평가. 서울 : 도서출판 신정.

최정임(2013). 요구분석 실천가이드. 서울 : 학지사.

최호윤(2007). 사회복지 프로그램 개발과 평가. 경기 : 21세기사.

한국복지행정학회(2010). 사회복지행정론. 경기 : 양서원.

한국청소년개발원(2005). 청소년 프로그램개발 및 평가론. 서울 : 교육과학사.

한국청소년활동진흥원(2023). 학교연계 청소년활동 운영 사례집.

한동우(2000). 사회복지 프로그램 평가의 방향과 실천. 2000년 추계학술대회 및 워크숍 자료. 한국사회복지행정학회.

황성철(2005). 사회복지프로그램 개발과 평가. 경기 : 공동체.

______(2009). 사회복지프로그램 개발과 평가. 경기 : 공동체.

______(2016). 사회복지프로그램 개발과 평가. 경기 : 공동체.

황인옥(2022). 사회복지조사론. 서울 : 동문사.

Bradshaw, J.(1977). The concept of social need. In N. Gilbert & H. Specht(Eds.). *Planning for Social Welfare : Issues, Models, and Tasks.* Englewood Cliffs, NJ : Prentice－Hall.

Cross, K. P.(1981). *Adults as Learners.* San Francisco : Jossey－Bass publishers.

Cervero, R., & Wilson, A.(1996). *What Really Matters in Adult Education Planning.* San Francisco : Jossey－Bass.

Flash, C. T., & Waller, A.(1995). *Using Student Evaluations to Increase Classroom Effectiveness.* Minneapolis : University of Minnesota.

Heimlich, J. E., & Norland, E.(1994). *Developing Teaching Style in Adult Education.* San Francisco : Jossey－Bass.

Huitt, W. G.(1998). *Maslow's Hierarchy of Needs.* Valdosta. edu/col/regsys.

Kahn, A. J.(1969). *Theory and Practice of Social Planning.* New York : Russell Sage Foundation.

Kirkpatrick, D. L.(1994). *Evaluating Training Program : The Four Levels.* San Francisco, CA : Berrett－Koehler Publishers.

Kowalski, T. J.(1988). *The Organization and Planning of Adult Education.* Albany, NY : State University of New York Press.

Rapp, C., & Poertner, J.(1992). *Social Administration : A Client－centered Approach.* New York : Longman Publishing Group.

Roth, J.(1990). Needs and the needs assessment process. *American Journal of Evaluation, 11*(2).

Stufflebeam, D. L.(1971). The relevance of the CIPP evaluation model for educational accountability. *Journal of Research and Development in Education, 5,* 19－25.

Wlodkowski, R. J.(1999). *Enhancing Adult Motivation to Learn*(2nd ed.). San Francisco : Jossey－Bass.

York, R. O.(1982). *Human Service Planning : Concepts, Tools and Methods.* Chapel Hill, North Carolina : The University of North Carolina Press.

저/자/약/력

■ **황인옥**
가야대학교 사회복지상담학과 교수

■ **김제원**
구미대학교 사회복지과 교수

■ **오승하**
강동대학교 사회복지학부 교수

■ **이은정**
마산대학교 사회복지과 교수

■ **장은석**
세경대학교 사회복지과 교수

Youth Program Development & Evaluation

청소년 프로그램 개발과 평가

|공저자| 황인옥 · 김제원 · 오승하 · 이은정 · 장은석

|1판 1쇄| 발행 2025년 9월 5일

|발행인| 김 동 훈
|발행처| 공 동 체

|주소| 경기도 고양시 일산동구 호수로 358-39, 동문타워Ⅰ 905호(백석동)
|전화| 031) 814-3000(대표)
|팩스| 031) 814-3100
|홈페이지| http://www.compub.co.kr
|전자우편| compub@naver.com
|출판등록| 2005년 10월 6일
|등록번호| 제396-2005-36호

|ISBN| 979-11-6725-997-4
정가 18,000원